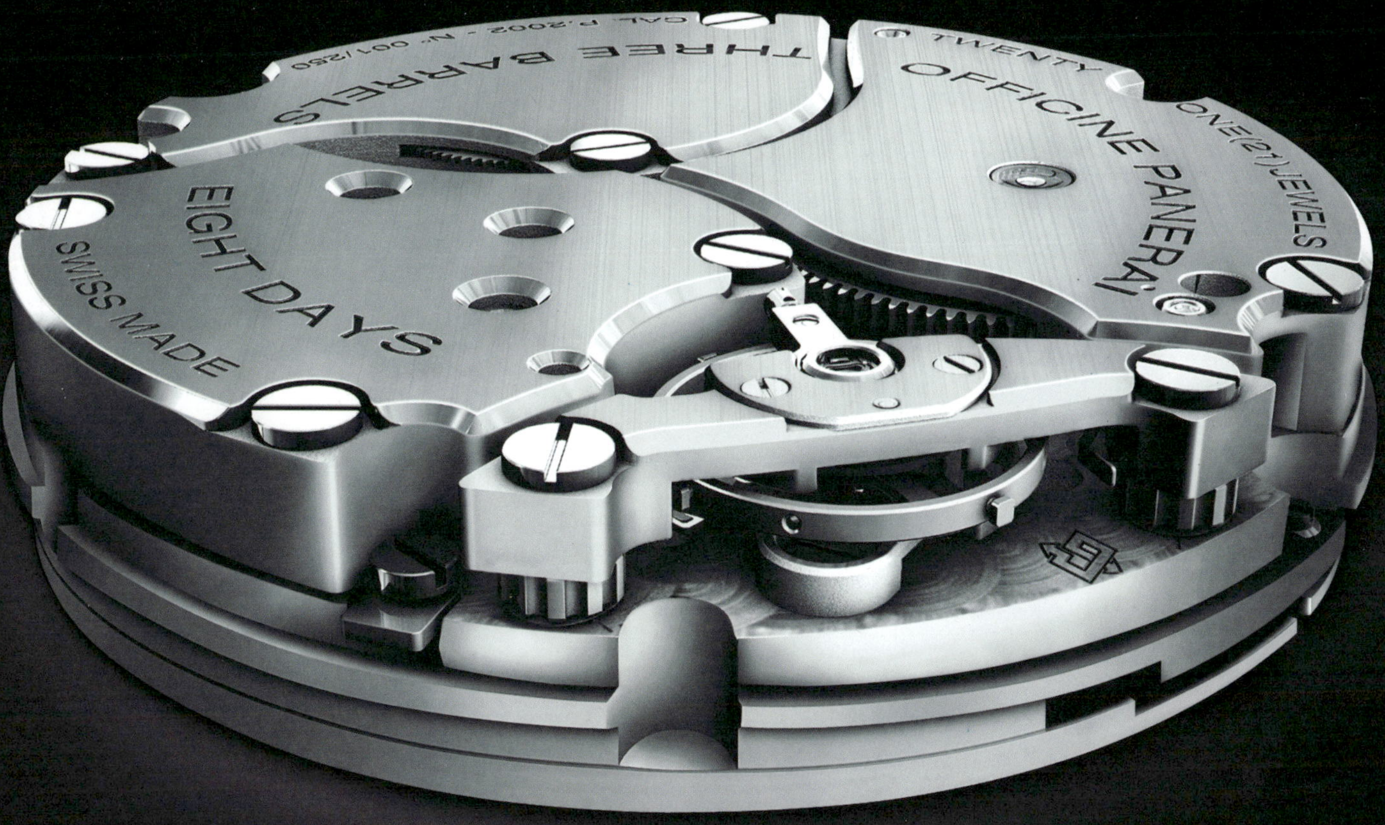
THREE BARRELS
CAL. P.2002 · N° 001/250
EIGHT DAYS
SWISS MADE
TWENTY ONE (21) JEWELS
OFFICINE PANERAI

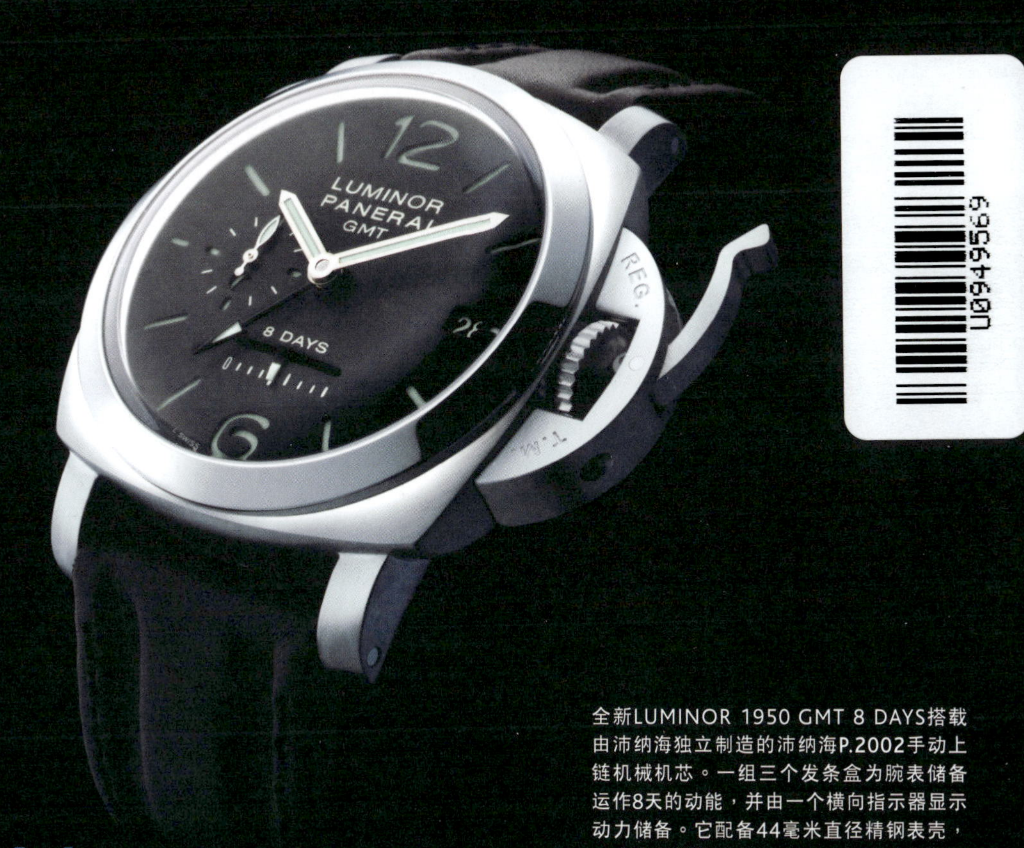

LUMINOR
PANERAI
GMT
8 DAYS
REG.

進口手錶年鑒

葉選平題

叶选平先生为本书题字

VACHERON CONSTANTIN
GENÈVE
AUTOMATIC
DAY
NIGHT
SWISS
MADE

进口手表年鉴

2007

名表论坛 策划
锺泳麟 主编

广州 · 上海 · 西安 · 北京

辽宁科学技术出版社

策划：名表论坛
主编：锺泳麟
副主编：赵善韵
编委：吴奕能 陈翠珊

图书在版编目(CIP)数据

进口手表年鉴.2007/ 锺泳麟主编. 沈阳：辽宁科学技术出版社，2007.10
ISBN 978－7－5381－5211-1

Ⅰ.进… Ⅱ.锺… Ⅲ.进口商品－手表－中国－2007－年鉴… Ⅳ.F752.654.4-54

中国版本图书馆CIP数据核字(2007)第136125号

进口手表 年鉴 2007

JINKOU SHOUBIAO NIANJIAN 2007

出版发行：辽宁科学技术出版社
（地址：沈阳市和平区十一纬路29号　邮编：110003）
印刷者：广州大一印刷有限公司
经销者：各地新华书店
幅面尺寸：240mm x 279mm
印张：19
插页：4
印数：1~2000
出版时间：2007年10月第1版
印刷时间：2007年10月第1次印刷
责任编辑：符宁 郭健
装帧设计：颖川堂有限公司
制作：陈峰 李培英
责任校对：徐跃

书号：ISBN 978-7-5381-5211-1
定价：198.00元
联系电话：024-23284536
邮购电话：024-23284502
E-mail：tad4356@mail.lnpgc.com.cn
http://www.lnkj.com.cn

鸣谢：颖川堂有限公司
香港地址：香港北角渣华道8号威邦商业中心1702室
电话：(852) 25081318
传真：(852) 25086238
网址：www.cdv.com.hk
电子邮箱：cdv@netvigator.com
大陆地址：广州豪贤路101号立基商业大楼606室
电话：(020) 83769450

本书主编 锺泳麟

宁静的革命

历尽28年开发，创新动力传送系统

Spring Drive机芯的九成以上、从双向上链的摆陀、直到俗称四轮的秒钟轮、都是齿轮传动机械式机芯。主要的差别是放弃传统的平衡轮擒纵装置、采用三级同步调制控速器－单向转动的创新速度调制系统，解决了250年来传统机械表擒纵装置因双向运动而产生的易摩擦老问题，精准度为±1秒／天，并具有独特扫描式滑动秒针。

月相表 限量版
全球发行200只（中国市场配有20只）
在机芯上刻有独立编号

- 主发条驱动
- 自动上链
- 长时间能量储存：72小时
- 高效能上链：速度比传统机械表高出约30%
- 高精准度：±1秒/天（15秒/月）
- 扫描式滑顺指针、没有分毫停滞。体现真正时间流动
- 机芯5R67（月相表）288件零件、30石
- 机芯5R66（GMT表）296件零件、30石

刻有月光扇形纹路

SEIKO Spring Drive 由国际权威钟表网站 www.timezone.com 评为“2005年度最佳腕表”。

SPRING
GMT
11

中国经济势头强劲，奢侈消费品市场也因此被带动起来。在经济发展的过程中，中国人创造了一个又一个奇迹，相信会令专家们瞠目结舌。无论从哪个方面看，中国在十几年内快速进入高消费主导的市场经济，这确实也是一个奇迹。政府当然也希望将这太过神奇的状态降温，所以有去年3月的进口奢侈品大幅加税的政策出笼。条文公布之日，看得出受到最大打击的就是钟表业，进口商们如丧考妣惶惶不可终日，大有世界末日将来的气氛。然而，卖的人忧天，买的人没事，善忘的人们很快就把加价的事抛诸脑后，钱照花表照买，甚至有过之而无不及。从2006年记载的数字看，高价表消费的金额增长速度，远远地要比税率增长速度高。

中国大陆地区的高级钟表消费潮流，从内陆省份开始。较早开放的地区例如广州、深圳，贵价表的消费是不成气候的。这个情况发人深省。有人觉得，沿海地区的人有更多的资讯流通，也许带来更多的选择机会，因此消费较为理智。但我觉得，产生这种结果的主要原因不是资讯而是资源。开放地区的市场经济接近资本主义模式，除了小量的土地外自然资源有限，每个人都要凭自己的能力竞争，花钱自然不能气势如虹。内陆省份如东北三省，土地富得流油，除了珍贵矿物外连石油都可以冒出来，从这些相关行业产生的有钱人多得很，消费的模式便从实用性变成炫耀性，甚至是炫耀性大于一切。我看过有一本杂志，副名竟堂而

MONT BLANC
全情奉献
彰显卓越
国际影坛巨星尼古拉斯·凯奇 (Nicolas Cage)
与万宝龙全情投入环境保育工作
阁下只要选购一枚万宝龙时光行者系列计时表，尼古拉斯·凯奇与万宝龙便会将指定善款拨捐海洋保育机构“Heal the Bay”改善水质，造福社群。
万宝龙时光行者系列自动上链计时表
装置自动上链机芯
43毫米直径表壳连镂空表耳
瑞士万宝龙里诺制表厂专业制造
www.montblanc.com
© Montblanc
北京·上海·广州·深圳·沈阳·大连·长春·武汉·成都·重庆·天津·南京·无锡·杭州·西安·哈尔滨·青岛·温州·昆明·厦门
鞍山·石家庄·郑州·济南·长沙·贵阳·宁波·海口·合肥·苏州·徐州·台州·东营·南通·潍坊·乌鲁木齐·南昌·临沂·太原·南宁

皇之署上“东北土富豪”字样。我说过，这些所谓“富豪”的财产根本未能达到富豪标准，但为了看起来像富豪，最快捷径就是日常使用炫耀性消费品。而在可以随身的炫耀性消费品中，手表肯定名列首席！

作为热衷推广钟表艺术的人来说，我对并不真正懂得表，也不真正喜欢表，却将表作为表现自己的物件的情况很是痛心疾首。我常应邀参加各大城市的名表展览，希望为爱表人推介值得收藏的艺术珍品，但往往最先被订下来的总是全场最贵的。买家并不因自己买到了好表开心，只为拿下全场最贵的表骄恣。主办者当然喜形于色，我却有些惘然无奈。记得有一次，有人买了某超级名牌的三问镂空表，跟着便投诉为什么几百万的表还得自己上链，好没面子。看到这样的事发生，除了气结，还有伤悲。

近年，我们与内地单位合作出版了不少书刊，目的就是推广钟表艺术，弘扬消费文化，改变上述的非理性消费状态。让人们知道什么是好的进口表，这些表在哪里买才稳当，甚至哪些表该避之则吉，都是我们策划的主要内容。我最不想看到的是，是欧美无人问津的产品继续在国内被吹得天上有地下无。拔乱反正，此其时矣！

希望这部年鉴能产生一定的正面作用。

钟泳麟

2007年6月

MONT BLANC
全情奉献
彰显卓越
凯瑟琳·詹金斯 (Katherine Jenkins)
歌剧舞台新星，万宝龙艺术大使
与万宝龙全情支援国际爱乐乐团等多个
项目，令艺坛得以薪火相传
万宝龙明星迷你自动上链钻石表
珍珠贝母表盘镶嵌10颗美钻
瑞士万宝龙里诺制表厂专业制造
www.montblanc.com
Montblanc®
北京·上海·广州·深圳·沈阳·大连·长春·武汉·成都·重庆·天津·南京·无锡·杭州·西安·哈尔滨·青岛·温州·昆明·厦门

目录
Contents

目录 Contents

Cartier

卡地亚

正当中国市场迅速发展，卡地亚把握时机，早于2004年在中国设立专门店，并且有计划地在中国各主要城市设立专门店，让人进一步认识及购买卡地亚顶级手表。2006年卡地亚为了推出Ronde Louis Cartier手表，更在北京、上海、杭州、武汉等20多个城市举办以“圆”为主题的大型巡展，邀请中国著名艺人如梁朝伟、胡兵、陈坤、范冰冰等做不同城市巡展的嘉宾，以圆满、完全的方式去展现手表及品牌的艺术文化，同时配合中国人对圆的概念，把品牌逐步渗入中国市场，到了2010年专门店将超过30家。卡地亚成功地在中国站住脚，实是品牌的又一里程碑。

圆，被卡地亚的设计大师玩得出神入化。最新的作品，更在圆的基础上加入许多特别前卫元素，使整体既圆浑又略带不羁。这些新作，都列入Libre系列里。其中的Excentrée，有圆中圆的构成。它的时针轴下移，形成偏心状态，细长的罗马数字时标以太阳放射纹处理。它的表面上有一通心圆环，内藏宽阔的中置表耳，全表镶嵌共重4.1克拉的276颗钻石。另一款名叫Folle的型号明显从Pasha取得设计灵感，它的表面上有如水般飘游的栏格，

Libre系列Ronde Excentrée圆中圆设计，缀以276颗共重4.1克拉的钻石

可窥视同样不规矩的阿拉伯数字时标，此表镶嵌了共重4克拉的429颗钻石。而称为Perlée的表则具计时功能，它的表面上有3个大小不等的针盘，由设在并非常规位置的2颗按钮操控。它有254颗美钻，总重为3克拉。

说起多功能表种或是复杂机芯，人们自然会想起CPCP（“巴黎卡地亚私家珍藏” 的缩写）系列。这个系列的表均用贵金属的外壳，配备精雕细琢的机械机芯，装置带卡地亚折叠扣的鳄鱼皮表带，不会有外观宝石装饰，也不会有金属链带，优雅含蓄且高贵大方。品牌作品的灵感，不少来自大自然及天地万物，更有来自中国艺术，新列入CPCP系列的圆形手表Rotonde de Cartier十分精彩，不但是经典，也是艺术。手表的Jour et Nuit是日夜指示；在表面的上半部分，有一雕花的大碟片在转动。上

Libre系列 Ronde Perlée不等的针盘设计相当瞩目

Libre系列Ronde Folle从Pasha取得设计灵感，表面上有如水般飘游的栏格

最新的Rotonde de Cartier的à Grande Complication 陀飞轮手表，仅限量10只

Rotonde de Cartier Grande Date
18K红金或白金，表壳口径42毫米，人手上链9602 MC机芯，72小时动力贮存，防水深度30米

Rotonde de Cartier Jour et Nuit
18K红金或白金，人手上链9903 MC日夜显示飞返机芯，防水深度30米

面刻的太阳及月亮均有细箭头，24小时往返地指向罗马小时数字，人们可以凭那半边日月知道白天黑夜，也可以用小箭头读出当时的小时。阿拉伯数字分钟刻度设于下半部，以飞返方式指示。它是18K白金的表壳，内装25石的9903 MC人手上链机芯。这枚具有195个零件的机芯，摆频28800次/小时，有3天动力贮存。

Rotonde de Cartier的另一款圆表是口径42毫米的红金或白金Big Date，它同样列入尊贵的CPCP系列。在此表的回纹雕花面板上，12时之下是双窗大日历，而

Tank Asymétrique
18K黄金，人手上链9770 MC机芯，防水深度30米，限量制作150只

Tank Louis Cartier Noctambule
铂金，人手上链9711 MC镂空机芯，防水深度30米，孤本制作

Tank Chronographe Monopoussoir
18K红金，单按钮计时机芯

6时之上是小秒针。它装置人手上链9602 MC机械机芯，22石，每小时摆28800次。这款表具有72小时动力贮存，配有带白金折叠扣的全花纹鳄鱼皮表带。

我们都知道，CPCP系列的强项还有复杂功能手表。今年，卡地亚以最强的功能组合使这个系列更具吸引力。命名为Grande Complication的全新陀飞轮，光是名字已先声夺人。43.5毫米的铂金表壳，表耳两侧有螺丝固定，本身有浓厚的卡地亚风格。C形陀飞轮已成经典，品牌不会将它束之高阁，它就在左方的显眼位置上。18K金镀银表面上，相继有日期、星期、月份和闰年指示，6时位置还显示出8天动力发条鼓的松紧状态。许多人看不出，它还是一只单按钮计时表。看不见的计时按钮，与表冠同体。按下表冠，中轴计时秒针和3时日历针盘内的分钟累

Tortue XL Ascensionnel
铂金，人手上链9450 MC陀飞轮飞返机芯，72小时动力贮存，防水深度30米，限量制作50只

Santos Mysterieuse

950钯金，表壳镶有589颗共重6.62克拉的钻石，人手上链81003SMC机芯，“神秘”表面。另备18K红金及无钻款式

计针便会携手协作，完成计时功能。此表装置9433MC人手上弦机芯，限量10只，要卖数百万元，但相信问津者不乏其人。

Tank不只是品牌中最长寿的经典，也是钟表界的传奇。它的存在意义甚至大于同品牌的Santos。新的Tank系列里，有限量仅150只的Tank Asymétrique。它绝对忠实地复刻了1936年为印度藩王卡甫剎拉王子制作的原作，两道平行表耳中央有中置装饰。它是传统的黄金表，装置18石的长方形9770 MC机芯，有42个小时的动力贮存。另一款在外观上自然地令人回想起第一代Tank的新设计是Tank LC Noctambule，它是镂空式铂金表壳，19石，人手上链机械机芯。两年前，卡地亚做了限量50只的Tank LC Skeleton，率先使用高科技热线切割制作镂空式夹板，令人眼界大开。相比于人手镂空，它的边缘光滑亮丽，它的线条均衡匀称，有前卫艺术的味道。与同样是机芯镂空的前作不同的是，Tank LC Noctambule的基板作内填雕刻，凹陷位置嵌入夜光物料。在黑暗中，它发出柔和蓝光。此表独一无二，我们很荣幸地得以在橱窗中取出来，欣赏它的美丽。Tank LC Skeleton的定价当年接近20万港元，甫登上第33期《名表论坛》封面便瞬即售罄，而且很快在市场上升值。孤本的Noctambule就算贵2倍，相信也有捧场客。

卡地亚的单按钮计时表已经赢得了信任，Tortue和Tortue XL两个款都有众多的捧场者。今年的Tank

Ronde Louis Cartier

18K红金，人手上链430 MC机芯

Ascensionnel陀飞轮。特别值得详细一提的是新的上升指针陀飞轮表。在雕花表面的左右两端，分别是时针和分针的不同领地。左边的罗马数字是小时标记，右边的阿拉伯数字是分钟刻度。随时间的过去，两根指针一步步向上升，升到顶端的正中位置再飞返弹跳回起点。下面的陀飞轮控速装置有双C横桥摆夹板，突出地呈现了品牌形象。它是铂金的表壳，装置42石的人手上链机芯9450 MC。此复杂机芯有247个零件，上满链后可以走3天。

卡地亚宣布再造Santos Mysterieuse Watch传奇。现场展出的试作品，采用了34毫米阔度的Santos 100外壳。它用950钯金制成，外缘密镶钻石。里面的人手上链机芯为19石，21600摆频，有38小时的动力贮存。从“神

Ronde Louis Cartier

18K红金或白金，表壳镶有69颗共重0.86克拉的钻石，人手上链430 MC机芯，防水深度30米

Chronographe Monopoussoir，以另一种风貌把单按钮的魅力散发出来。其正方外形看起来比Tortue稍大，而且典雅工整。我认为，它是近代最美观优雅的单按钮计时表，在下全力推荐。

Tortue是卡地亚手表的旗舰，最复杂的机芯总是先用在这个系列上。列入CPCP系列的新Tortue共有4个新创作，包括铂金的GM Calenderier Perpetuel万年历、铂金与红金的8日链大日历小秒针XL 8 Jours、红金的GM Repetition Minute三问表以及铂金的XL尺码

Santos-Dumont

18K黄金镶钻表壳，Cal 690 石英机芯，防水深度30米

Santos 100
18K红金、白金或黄金镶钻表壳，自动上链076机芯

秘”指示窗设于左侧看，它的机械该设置在右边，相当小巧玲珑。倘若说我自己一向不喜欢大表壳用小机芯的话，这是唯一的例外。只有适合的机芯，才能让透明的表面无论在任何角度看都空无一物。虽然懂得欣赏它的美的人屈指可数，但它是新世纪的钟表珍品。

Mysterieuse Watch源自Mysterious Clock。它的运作原理，是将传动机械微型化，并且以线性方式传动，镶嵌有两根指针的圆水晶片旋转，看起来就像时针和分针飘浮在空气中，无须机械也能自动行走。它的所有机械，隐藏在外缘的框内。在构造方面，它肯定比任何圆形的或是长方形的机芯都更复杂而且制作难度更高。

相同构造的卡地亚怀表我已经找了很久。当年在卡地亚的办公室看到一只，因为囊中羞涩可望不可得。在我买得起的时候，它却鸿踪杳然。今日，我寻找中的怀表，已经以更便于使用的手表方式出现，再不是遥不可及。陆总慧全兄说，你要记得你订了一只；我回答说，你也要记得我订了一只。40多万元定价的表，在下省吃俭用还是可以负担的。

代表传统和经典的圆形，在潮流的洗刷中显得更加道貌岸然。它鄙夷人们在闹嚷嚷蝇争血，以超然的身份静观其变。今日尘埃落定，谁都看到彼岸的青山，Ronde Louis Cartier就在准确的时空来到我们面前。此表有GM和PM的两种尺码，红金外圈上密镶钻石。银白的表面上有传统的罗马小时数字，内圈另有较细的阿拉伯数字，那是午后的小时数。此表配置有折叠扣的鳄鱼皮带，内装人手上链机械机芯。

1904年面世带动手表风气之先的Santos，在2004年变为新时代的大尺码表种。今年， Santos添上了新的珠宝款式，以切合不同的需要。特别值得说明的是，无论是自动的Santos 100，抑或是超薄的Santos-Dumont，都分

Tank Crash
18K红金、白金或黄金镶钻表壳，Cal 059石英机芯，防水深度30米

别有了中号及小号的新尺码。小巧的款式再加密集的镶钻，肯定会令女性的手腕也美丽起来。选珠宝表，我认为卡地亚是首选的三两个品牌之一。

当年的伦敦连环大撞车，诱发了卡地亚1967年创作Crash手表的灵感。这一艺术佳构，深深地影响了前卫的创作人。这几年的全新Libre系列里，有多款作品以“变形”为题，变形手法以不同角度突出女性美，手表可同样展现女性婀娜多姿的媚态。它亮丽，它璀璨，它娇艳，它温柔。或许有一点点小心眼，或者某时某刻不听话，但不会装硬朗错觉自己是男人！即将上市的“变形”，就有这样的效果。其中的Tank Crash，是两只Tank叠合在一起的设计，相当有意思。它有黄金与白金2种型号，外框上镶有圆钻，使用石英机芯。第二款Baignoire Crash，将原本椭圆的“浴缸”形扭曲成一个“8”字，上方有一颗重达0.4克拉的梨形钻石，经GIA验证。表壳和绢带扣上，也密镶了美钻。与上述2个款式同样列于Libre系列的Calisson de Cartier，更以锋芒毕露的意境将独特的马眼形手表表现出来。它的表壳密镶美钻，右边末端是锥体的表冠，上有一颗尖形钻石。白金表壳配酒红色绢面蝴蝶状表带，又是另一种风情。

卡地亚很重视女性客户群，看看2005年的Tankissime，到现在的La Dona de Cartier，都是专门为

Baignoire Crash
18K白金镶钻表壳，表壳镶有一颗0.4克拉的GIA验证梨形钻石，Cal 059石英机芯，防水深度30米

Calisson de Cartier
18K白金镶钻表壳，石英机芯

精钢带和黑色表盘衬黑色精钢橡胶表带，同样配有雾面表壳和磨光表圈。

复杂精细的内填珐琅艺术，成为近年卡地亚的重要设计项目。这个工艺是先在贵金属上刻出凹陷图案，再填上珐琅装饰，与用焊金丝构成图案的掐丝珐琅有很大不同，所以前者可以使用在表壳上，使它与表面的图案一气

女人设计的链带腕饰。La Dona的重心偏重在下方，宛似雍容华贵心广体宽的女人。弧线化的轮廓流露美艺流派，是手表的重要特色，卡地亚对此了如指掌，自然随心所欲地将这种风格表现出来。它的表面有放射纹雕花，配罗马数字小时标记，有红、白、黄金3种色泽的型号。它还有外框镶有钻石的版本，每表各有共重0.84克拉的圆钻。

Pasha Seatimer是卡地亚推出的新款超大型号潜水表，可显出动感风格。保留Pasha圆形表面和四个数字的经典元素，结合不锈钢和黑胶的不同质材，令设计更现生气。手表搭载卡地亚自动上链Cal 49机芯，表圈及表冠侧缀以Pasha系列的clou de Paris钉纹装饰，4时及5时位置间的梯形日历窗与四大阿拉伯数字时标既具硬朗个性，也易于阅读时间。表壳链环及连接表冠保护帽的设计，可增强其防水功能。三款设计黑色表盘衬精钢带、白色表盘衬

La Dona de Cartier
18K红金、白金或黄金，Cal 690石英机芯，防水深度30米，另备镶钻款式

呵成。卡地亚此系列的新构思，是以不同颜色的珍贵木材碎片拼成图案，贴在内陷轮廓内，营造全然不同的色泽、纹理与质感。此外，卡地亚还把珊瑚、玛瑙以及黑镐石等彩色宝石切成相应图案，嵌入雕刻出来的轮廓内，产生与珐琅不同的贵气。这些混合不同工艺制成的珐琅手表，将只在卡地亚专卖店发售，此中包括20枚的Santos 100 GM“雄鹰”、15枚的Pasha 32mm“熊猫”、25枚的Tortue GM“龟甲”以及20枚的Pasha 42mm“蛇”。艺术于此顿生华彩，人生至是祥云缭绕。实在难以想象，桃花源里粗茶淡饭可了余生。我总觉得，陶渊明“不为五斗米折腰”只是在bargaining，或许其target是六斗。让他有一只卡地亚珐琅表，大概以后就不去看菊花！

Pasha Seatimer
不锈钢，表壳口径40.5毫米，卡地亚自动上链Cal 49机芯，防水深度100米

Santos 100 “Falcon”
18K黄金，镶钻内填珐琅表壳，表面铺上木材碎片图案，自动上链049机芯，防水深度100米，限量制作20只

Pasha de Cartier 32mm “Panda”
18K白金，表壳口径32毫米，镶钻内填珐琅表壳及表面，Cal 069石英机芯，防水深度30米，限量制作15只

Tortue GM "Turtle"

18K黄金，内填珐琅表壳，表面铺上木材碎片、珊瑚及宝石，人手上链430 MC机芯，限量制作25只

Pasha de Cartier 42mm "Snake"

18K黄金，表壳口径42毫米，内填珐琅表壳及表面，自动上链8000 MC机芯，限量制作20只

资料查询

历峰亚太有限公司

香港中环怡和大厦3楼
电话: (852) 2532 0333
传真: (852) 2845 9254
网址: www.cartier.com

国内办事处

华东区代表处
上海市南京西路1168号中信泰富广场10楼1006室
电话: (021) 5292 5809
传真: (021) 5292 5802

华北区代表处
北京市朝阳区光华路1号嘉裏中心北楼三层7-11室
电话: (010) 8529 8877
传真: (010) 8529 8864

国内维修服务中心

北京
北京市崇文区崇文门外大街3B号新世界北座办公楼601室
电话: (010) 6708 3327
传真: (010) 6708 3277

北京市复兴门内大街101号百盛购物中心首层
电话: (010) 6606 8288
传真: (010) 6606 3899

上海
上海市淮海中路 / 宝庆路1号百富勤广场五楼
电话: (021) 6445 9955
传真: (021) 6445 0202

上海市南京西路1266号上海恒隆广场一层133-135铺
电话: (021) 6288 0606
传真: (021) 6288 0333

上海市中山东一路18号上海外滩18号一层
电话: (021) 6323 5577
传真: (021) 6339 2079

广州
广州市环市东路369号1号楼广州友谊商业大厦901室
电话: (020) 8350 7128 / 3566
传真: (020) 8350 7138

深圳
深圳市中信城市广场西武百货二楼2018W
电话: (0755) 2598 7378 / 7389
传真: (0755) 2594 4438

杭州
杭州市武林广场1号杭州大厦B102
电话: (0571) 8510 5993
传真: (0571) 8510 5990

成都
成都市人民东路59号一楼成都仁和春天百货人东店
电话: (028) 8667 8066
传真: (028) 8667 9086

青岛
青岛市山东路9号巴黎春天广场 1A01店
电话: (0532) 8580 7700
传真: (0532) 8580 7191

长春
长春市朝阳区重庆路1255号长春卓展时代广场一层A-101店
电话: (0431) 8896 1510
传真: (0431) 8896 1513

沈阳
沈阳市沈河区北京街7-1号卓展购物中心一层A-101店
电话: (024) 2279 5151
传真: (024) 2279 5252

卡地亚精品店

北京
北京市王府井金鱼胡同8号王府半岛酒店大堂
电话: (010) 6512 8404

北京市朝阳区建国门外大街1号国贸商城一层L104铺
电话: (010) 6505 6660

北京市复兴门内大街101号百盛购物中心首层
电话: (010) 6606 8288

上海
上海市南京西路1266号上海恒隆广场133-135铺
电话: (021) 6288 0606

上海市中山东一路18号上海外滩18号
电话: (021) 6323 5577

广州
广州市环市东路369号一层广州友谊商店
电话: (020) 8359 0702

深圳
深圳市东门南路3002号西武百货一层122-123铺
电话: (0755) 8238 9833

深圳市深南中路1095号中信城市广场西武百货1013-1014铺
电话: (0755) 2594 3633

成都
成都市人民东路59号仁和春天百货人东店1楼
电话: (028) 8667 8066

杭州
杭州市武林广场1号
电话: (0571) 8510 5993

青岛
青岛市山东路9号巴黎春天广场1A01店
电话: (0532) 8580 7700

长春
长春市朝阳区重庆路1255号长春卓展时代广场一层A-101店
电话: (0431) 8896 1510

哈尔滨
哈尔滨市南岗区花园街403号哈尔滨新世界百货商场一层47 / 59铺
电话: (0451) 5365 1739

沈阳
沈阳市沈河区北京街7-1号卓展购物中心一层A-101店
电话: (024) 2279 5151

营销网络

北京
燕莎友谊商店
北京市朝阳区亮马桥路52号
电话: (010) 6505 1133

亨得利瑞士名表店
北京市王府井大街271号
电话: (010) 6525 3490

名表城新东安店
北京市王府井大街138号1层148铺
电话: (010) 6528 0390

上海
上海东方商厦
上海市漕溪北路8号
电话: (021) 6469 2336

上海钟表商店
上海市淮海中路478-492号
电话: (021) 5382 7094

上海亨达利浦东八佰伴店
上海市浦东南路1111号
电话: (021) 5836 3501

上海名表城浦东华润时代店
上海市张杨路500号
电话: (021) 5887 2203

亨达利钟表世茂国际店
上海市南京东路829号二楼
电话: (021) 6351 5129

上海永安百货卡地亚专柜
上海市南京东路635号
电话: (021) 6322 3380

上海虹桥友谊商店卡地亚专柜
上海市遵义南路6号
电话: (021) 6209 5297

广州
广州友谊商店(时代广场)
广州市天河北路28号
电话: (020) 3882 0125

西安
富明高钟表 · 西安世纪金花购物中心
西安市西大街1号钟鼓楼广场
电话: (029) 8726 5488

武汉
武汉新世界百货商场
武汉市汉口建设大道566号
电话: (027) 8571 0942

鞍山
慧通瑞士表店
鞍山市铁东区二一九路47甲-1号
电话: (0412) 554 1999

宁波
天一广场国际购物中心
宁波市中山东路166号天一广场107铺
电话: (0574) 8724 6861

温州
温州开太百货
温州市人民东路1号
电话: (0577) 8825 4720

温州银泰百货
温州市解放南路、荷花路口
电话: (0577) 8825 4720

南京
南京金鹰国际商城
南京市汉中路89号
电话: (025) 8472 2347

苏州
苏州泰华商城
苏州市人民路383号
电话: (0512) 6526 3378

无锡
上海亨达利无锡东方店
无锡市中山路188号
电话: (0510) 8294 9899

天津
天津友谊商厦
天津市河西区友谊路21号友谊商厦A厦一层
电话: (022) 5879 1968

大连
友谊商城
大连市中山区七一街1号
电话: (0411) 8269 0035-222

百年城商厦
大连市中山解放路1号
电话: (0411) 8269 0035-222

沈阳
名表城中街店
沈阳市沈河区中街路148号
电话: (024) 2484 1192

中兴-沈阳商业大厦
沈阳市和平区太原北街86号
电话: (024) 2341 1678

长春
中孚世界名表珠宝行
长春市重庆路建和胡同79号
电话: (0431) 8896 0033

太原
北京亨得利太原华宇国际店
太原市西府街169号
电话: (0351) 560 1651

郑州
郑州丹尼斯百货
郑州市人民路2号
电话: (0371) 6661 6236

济南
济南贵和购物中心
济南市天地坛街1号
电话: (0531) 8098 2018

山东银座商城
济南市泺源大街66号
电话: (0531) 8191 7888

长沙
长沙百联东方商厦
长沙市黄兴中路188号
电话: (0731) 258 1821

PIAGET

伯爵

大陆的钟表爱好者，从珠宝表开始认识伯爵。伯爵的珠宝表做得好，其实最重要因素之一是他们有自产机芯的能力。很多人或会质疑，做珠宝表不是有好的镶工和好的宝石就行了吗？其实，倘若没有自产的机芯配合，而只用外购机芯做珠宝表，那在外形轮廓和大小厚薄诸方面有很多限制。现在能买到的大路机芯，品质高的过厚，够超薄的走不好，伯爵追求完美，便只能坚持走自行开发机芯的老路。近几年大口径手表流行，如果用市场上常见的机芯制表，便因为天生条件所限，在故意地向平面扩张的同时无可避免地令厚度加大，令手腕负担过多的重量，形成“不人道”的状态。伯爵的自产超薄机芯，很有效地解决了这个问题。它既可装成大表，也能达到佩戴舒适的目标。而且，精湛的制表工艺，令伯爵的机芯美轮美奂，细节处无懈可击，在恒久耐用的同时还是可堪把玩的艺术品。

2007年，又一款伯爵新表将在日内瓦SIHH登场。它的面世，再度证实伯爵坚持开发自产机芯的深远影响。它是Altiplano Double Jeu双面手表，使用弹出双层表壳指示2个时区的时间。2006年，伯爵以限量生产方式推出了这种特别结构的原创，上面装置了小三针450P机芯，下面则是原有的430P。2007年，全新型号更以新外观和2款新机芯使这款与众不同的设计有了更为吸引的面貌。此表是18K红金的双层外壳，按动基座表壳边缘4时位置的长方形按钮，上层表壳便会弹跳揭开，露出装置红金条形时分针的第二时区子夜蓝表面。机座表壳的后盖，刻有Piaget家族的纹章徽号，它的内部是830P人手上链超薄机械机芯。机芯的厚度是2.5毫米，19石，摆轮摆速每小时21600摆，有72小时的动力贮存。830P的基板有鱼鳞纹雕刻，夹板有环状日内瓦条纹装饰，边缘用人手锉出倒角，以蓝钢螺丝固定。而在可揭开的上层表壳上，它以银面配黑色条形指针和黑色条形时标的方式，指示本地时间。它的上链表冠设于2时位置，而凹入小秒针盘设在10时位置，令整体看起来分外前卫。它的底盖是宝石晶片玻璃，翻出来可以看到里面的伯爵自产人手上链超薄机芯838P。这第二枚机芯的厚度是2.5毫米，19石，摆轮摆速每小时21600摆，有3天的动力贮存。838P的基板改用小雨点纹雕刻，夹板有环状日内瓦条纹装饰，边缘用人手锉出倒角，以蓝钢螺丝固定。红金Altiplano Double

Altiplano Double Jeu

18K红金，上层搭载人手上链838P机芯，下层搭载人手上链830P机芯，均备72小时动力贮存，棕色鳄鱼皮表带连18K红金折叠扣

Jeu配咖啡色短嘴鳄鱼皮带，以同金属折叠扣佩戴。

重要表厂争相研发自己的计时机芯，伯爵自不甘落后。他们刚刚发布的880P计时自动机芯，不单为品牌制表历史奠下了重要的里程碑，也完美无瑕地填满了这家古老表厂的最后一个空白。使用880P机芯的新表，就是在下相当看好的Polo Chronograph。这款机芯性能优异，布局也特别，在现时的不同计时表中脱颖而出。它的12时位置是三连式大号弧形日历窗，9时位置的针盘是第二时区24小时指示，首先具备了其他计时表欠奉的实用功能。机芯内精细无匹的星柱轮和垂直交连装置使计时丝毫不误，配合中轴计时秒针和3时位置的30分钟累计针盘，它的飞返计时功能有了很正面的积极意义。此机芯的口径为12法分（26.80毫米），厚度5.6毫米，30石，螺

Polo Chronograph

18K红金，表壳口径43毫米，自动上链880P计时机芯，防水深度50米，棕色鳄鱼皮表带连18K红金折叠扣

Altiplano圆形钻表

18K红金或白金，表壳及表面镶有100颗共重0.6克拉的钻石，人手上链450P机芯，机芯厚度2.1毫米，40小时动力贮存，缎质表带连18K金表扣

Polo

18K白金或红金，表壳口径43毫米，自动上链800P机芯，72小时动力贮存，鳄鱼皮表带连18K金折叠扣

Emperado Coussin

18K红金或白金，自动上链850P两地时间机芯，72小时动力贮存，鳄鱼皮表带连18K金折叠扣

丝调节摆轮每小时28800摆，双发条鼓提供52个小时的动力贮存。红金的43毫米大号Polo表壳，上有拉丝与抛光的交替打磨，华贵夺目。银色的表面，上有18K红金的条形刻度，清晰且具个性。透明的宝石晶片玻璃底盖，可欣赏品牌为机芯作出的精心装扮，它的基板有鱼鳞纹雕刻，夹板有环状日内瓦条纹装饰，边缘用人手锉出倒角，以蓝

Cal 850P

***Emperado Coussin*钻石手表**

18K白金或红金，自动上链850P两地时间机芯，表壳镶有136颗共重2.6克拉的钻石，表面镶有123颗共重0.4克拉的钻石，72小时动力贮存，鳄鱼皮表带连18K金折叠扣

Emperado Coussin High Jewellery

18K白金，表壳、表面及表冠镶有742颗共重约20.7克拉的钻石，自动上链850P两地时间机芯，72小时动力贮存，18K白金链带镶有331颗共重约35.7克拉的钻石，孤本制作

钢螺丝固定。此表有50米防水能力，配以咖啡色短嘴鳄鱼皮带，上置红金折叠扣。Polo Chronograph还有白金以及白金嵌34颗美钻等不同型号供选择。

伯爵为人手上链超薄机芯系列加入了新的450P，却勇敢地赋予了其与众不同的高辨识度。使用者只需看特别的表面布局，便知道里面装有450P机芯了。在表面的10时位置，它具有一个小针盘，以直接方式展示秒针。所谓直接指示，乃秒针直接装在四轮的轴上，它有简化装置提高准确度的实际意义，也因减少了中轴秒针必需的传动轮系而更加薄。全新450P机芯的厚度，就因此达到2.1毫米的超薄水准。此机芯为18石，每小时21600摆，有大约40个小时的动力贮存。它的镀铑机芯夹板刻有环状日内瓦条纹的装饰，边缘均有精致的人手倒角抛光。450P机芯装在Altiplano系列的中型超薄表上。它有白金与红金的不同款式。珠贝的表面上，是大小各异随意飞舞的阿拉伯花体小时数字，伯爵表的名字别出心裁地印在中轴指针的下方。10时位置的特大小秒针盘，圆周镶有共重0.1克拉的28颗钻石。它的表壳外缘有72颗钻石，共重0.5克拉。两款表均配浅粉色绢面皮带，有与表壳同材质的实金针扣。

另一款新机芯是自动上链的800P。它的口径为12法分（折合26.80毫米），厚度是4毫米。25石的机械，心脏摆频是每小时21600次。这枚机芯装置了两个发条鼓，满链状态时可走72个小时。机芯的基板，有圆点鱼鳞纹的磨花，而用蓝钢螺丝固定的夹板则以人手锉出适合轮廓，边缘作倒角处理，表面还有环状日内瓦条纹的装饰。这款自动机芯，表现伯爵表的内部修饰技艺绝对不逊他人。装置800P的新贵，乃大号的大三针Polo。它有白金、红金或红金配黑面白金的三种型号，并以新的处理方式使外壳的立体感更加强烈。红金配黑外圈的浓烈王者气派自不待言，白金版本的抛光边缘衬起经离子处理哑灰白金圈更有独具深度的神采。银色的面盘，有与外圈相配的炭灰色立体时标，它们是镀铑实金，共有3个阿拉伯数字和8个长楔条刻度。6时位置有一扇形窗，上面呈现3个日历数字，当中一个是当天的日期。新机芯大号Polo配上大花格鳄鱼皮表带，上置实金的折叠扣。

800P的较复杂衍生版本，是有两地时间指示功能的850P。它的机械增加到30石，摆频每小时21600次。这枚机芯装置了2个发条鼓，满链状态时可走72个小时。机芯的基板，有圆点鱼鳞纹的磨花，而用蓝钢螺丝固定的夹板则以人手锉出适合轮廓，边缘作倒角处理，表面还有环状日内瓦条纹的装饰。值得一提的是，850P自动机芯装置了口径达7.75毫米的特大摆轮，对准确的运行是有很大裨益的。这款机芯，装在优雅高贵的背垫形的大号

Polo Tourbillon Relatif

18K白金，表壳口径45毫米，人手上链608P陀飞轮机芯，70小时动力贮存，防水深度30米，鳄鱼皮表带连18K白金折叠扣

Miss Protocole XL

18K白金或黄金，雕刻珐琅表壳及表面，镶钻300颗共重约2.3克拉（兰花，左上），或333颗共重约2.6克拉（樱花，左下），或315颗共重约2.5克拉（鸢尾花，右上），或340颗共重约2.6克拉（青竹，右下），石英表芯，限量制作

Emperado Coussin上。它有白金或红金的外壳，配银质的罗马数字表面。表面的中央，是麦穗纹的机械雕花。原本设在6时位置的三连大日历，改辕换辙移到12时的上方。垫形的小秒针盘，设在5时位置，其左的对称针盘，便作第二时区时间显示。针盘轴上的时针，12小时转一圈，并有一个同轴小圆碟的配合，以小三角指出当时的时间是日是夜。本地时针的独立调校，由8时位置边缘的一个隐形按钮直接进行。它们装设鳄鱼皮表带，以实金折叠

Limelight Party Altiplano
18K白金，表壳及表面镶有124颗共重0.9克拉的钻石，人手上链430P机芯，40小时动力贮存，缎质表带连18K白金表扣

Limelight Party Altiplano
18K白金，表壳及表面镶有134颗共重0.9克拉的钻石，人手上链430P机芯，40小时动力贮存，缎质表带连18K白金表扣

Altiplano Enamel
18K白金，表壳镶有78颗共重0.7克拉的钻石，微绘珐琅表面，人手上链430P机芯，40小时动力贮存，缎质表带连18K白金表扣，限量制作4只

Limelight Party

18K白金，表壳及表面镶有114颗共重2.1克拉的钻石，石英机芯，缎质表带连18K白金镶钻折叠扣

扣佩戴。此表分别限量制作200只，听说订单远超产量。Emperado Coussin还有珠宝型号，体现了机械珠宝两剑合一的威力。红金或白金的手表，外壳镶有136颗美钻，共重2.60克拉。原本的雕花表面，改为黑色或白色的珠贝，中央部分及条形时标上也镶有共重0.40克拉的123颗钻石。与此同时，SIHH展出了以850P机芯制作的一只孤本高宝石表。它是白金的背垫形表壳，配同物料的链带，整体密镶长方或公主方切割的大颗钻石，而侧缘则是圆石。它的表面外环，是黑得晶亮的安力士石，清楚地指示了各部功能。伯爵的最贵重珠宝表，总令人生可望而不可及，起码是可摸而不可得的嗟叹。

Polo Tourbillon Relatif，采用伯爵开发的608P陀飞轮人手上链机芯。它的基本机芯口径为11½法分（合25.60毫米），厚3.28毫米。机芯有27颗宝石的辅助，摆轮频率每小时21600摆，有70小时的动力贮存。装好指针和陀飞轮装置后，整个时间机械的厚度为9.14毫米。伯爵的这款陀飞轮，一如既往使用浮动方式，即放弃了传统陀飞轮的横置夹板桥。但是，由于陀飞轮框架史无前例地脱离机芯来到表面上，那无拘无束的自由感觉更加强烈，有极为震撼的视觉效果。我们必须强调，在营造视觉美的同时，机械上的高度复杂性，更令大师们绞尽脑汁。它的陀飞轮框架，设于轴心在表面中央横贯旋动装置的其中一端

Limelight Oval

18K白金，表壳及表面镶钻，人手上链430P机芯，40小时动力贮存，缎质表带连18K白金镶钻表扣

Limelight Tonneau

18K白金，表壳镶有124颗共重2.2克拉的钻石，人手上链438P机芯，缎质表带连18K白金镶钻折叠扣

的末尾，浮动陀飞轮每分钟自转1圈，横贯装置每小时转1圈，因此顺理成章地，装置的另一头成为分针。7.75毫米的大摆轮侧置于旋转框架上，自转本身就天然地质量不平均，制表大师曾为此煞费苦心。如今加上另一头的指针重量，要解决的平衡问题无疑更严重了。伯爵表的大师为此开发了3个钛的上摆夹，整组框架的重量仅0.2克。同时，分针的形状长度厚薄均经过精心运算与调校，才达今天的效果。我们看到这组指示/控速装置在不可置信中顺畅旋转，岂非赏心乐事？

女表又如何？你知道吗，我很喜欢这个品牌的Miss Protocole。新的Miss Protocole，继续在艺术方面作出突破。4只一套的珐琅表，以美钻衬托主题画面。它们是4种热带花卉，我戏言那就是麻将里的“梅兰菊竹”。这套表继续是两黄金两白金，配色彩缤纷的绢面皮带，分明挺着青春就是无敌的盛气。与此同时，Miss Protocole还有外表嵌有半宝石或是以不同切割宝石拼合而成的版本，有截然不同的风格。Miss Protocole一如美女，如何打扮都出色。

Altiplano加大了，更能迎合时尚女性的装扮。设计灵感来自香槟酒的款式，令人回想起高挑女孩拿细长杯子的千娇百媚。它是白金表，镶嵌总重约0.7克拉的78颗圆钻，黄色珠贝表面镶有大小不同的46颗圆形美钻，恍若

Limelight High Jewellery

18K白金，表壳、表面及表冠镶有802颗共重约14.8克拉的钻石，自动上链561P飞返机芯，40小时动力贮存，18K白金链带镶有504颗共重30.2克拉的钻石

Limelight

18K白金，表壳镶有38颗共重0.9克拉的钻石，表冠镶钻，人手上链438P机芯，40小时动力贮存，18K白金链带

美丽的香槟泡沫在摇晃飘逸。它内装430P手上链超薄机芯，配黄色绢质表带和18K白金针扣。另一款的设计来自迷人的焰火，它预示欢乐和喜庆。白金表壳外圈镶饰以总重约0.7克拉的78颗圆钻，黑色处理18K白金表面饰以特殊雾面抛光，强调出黑夜中焰火的璀璨。表盘的56颗圆钻，带出火花摇曳而上的晶莹。它也用伯爵430P机芯，配黑色绢质表带和18K白金针扣。当然，在Altiplano系列里，自己最喜欢的还是微绘珐琅的“牡丹”（我不认为那是玫瑰）。它是白金镶钻的外壳，表面是绘画得比前作更精细的牡丹花。一重叠一重的花瓣，在缱绻痴缠中有“露滴牡丹开”那种旖旎。花心依然是半开半掩，那却就有“不曾缘客扫”的矜持。什么是不卑不亢恰到好处？其庶几近矣。

闪烁瑰丽，是Limelight系列的气质。以迪斯可镜球为蓝本创作的白金立体球形手表，表壳及表盘以白金抛光方格组成，格内嵌总重约2.1克拉的114颗圆形美钻，配与表壳完美结合的黑色绢质表带，白金折叠扣镶有10颗圆钻。该系列的新款马眼形表壳款式，表面是珍贵禽鸟的羽毛，例如孔雀翎或珍珠鸡，有另一种华贵。而且，今年的酒桶形Limelight有了许多种不同设计的钻石镶嵌，从简单的两排圆钻到paved密镶条钻，表现了伯爵在珠宝方面的多才多艺。今年，此表还有了带动力贮存指示和30秒飞返指针的较复杂大号机械表。

Limelight

18K白金，表壳镶有86颗共重约2克拉的钻石，人手上链438P机芯，40小时动力贮存，缎质表带连18K白金镶钻折叠扣

Limelight

18K白金，表壳及表面镶有510颗共重约9.4克拉的钻石，表冠镶钻，石英机芯，18K白金链带镶有330颗共重20.4克拉的钻石

资料查询

伯爵(历峰亚太有限公司)

香港中环康乐广场1号怡和大厦1301室
电话: (852) 2522 0139
传真: (852) 2810 0412
网址: www.piaget.com

国内维修服务中心

北京
北京市崇文门外大街新世纪北座办公楼601室
电话: (010) 6708 3227
传真: (010) 6708 3225

上海
上海市淮海中路/宝庆路百富勤广场5楼
电话: (021) 6445 9955
传真: (021) 6445 0202

深圳
深圳市深南中路1095号中信城市广场西武百货2楼钟表部
电话: (755) 2594 4438
传真: (755) 2594 4438

专卖店

北京
北京市东单北大街金鱼胡同8号王府半岛酒店G8
电话: (010) 6512 9065

北京市建国门外大街22号赛特购物中心北门
电话: (010) 8511 4313

上海
上海市静安区南京西路1266号恒隆广场102B
电话: (021) 6288 1639

哈尔滨
哈尔滨市道里区中央大街69号金安国际购物广场1F-108号
电话: (0451) 8456 7177

广州
广州市环市东路369号友谊商店
电话: (020) 8358 7785

营销网络

北京
京英皇钟表珠宝店
北京市建国门外大街1号中国国际贸易中心B1层
电话: (010) 6505 6186

北京英皇钟表珠宝店
北京市东城区王府井大街138号新东安广场地铺
电话: (010) 6526 3062

北京华瑞钟表旗舰店
中关村大街15号中关村广场步行街
电话: (010) 5172 1628

上海
英皇钟表珠宝店
上海市南京西路1038号梅龙镇广场
电话: (021) 6218 6586

英皇钟表珠宝店
上海市中山东一路18号D1铺
电话: (021) 6329 4193

英皇钟表珠宝店
上海市淮海中路811 - 813号
电话: (021) 5465 6420

迪生珠宝钟表
上海市长宁区遵义南路6号虹桥友谊商城一楼
电话: (021) 6219 9319

大连
大连锦华钟表有限公司 · 友谊商城店
大连市中山区人民路8号友谊商城
电话: (0411) 8265 9898-1066

大连锦华钟表 · 百年商城
大连市中山区解放路1号百年商城M2层
电话: (0411) 8230 7803

沈阳
沈阳大公名表 · 大公店
沈阳市和平区中山路65号中山大厦
电话: (024) 2340 4588

沈阳大公名表 - 东舜店
沈阳市和平区太原北街95号东舜百货
电话: (024) 2340 3588

沈阳大公名表 - 中兴店
沈阳市和平区太原北街86号中兴-沈阳商业大厦
电话: (024) 2340 3588

哈尔滨

松雷商业大厦
哈尔滨南岗区东大直街329号松雷商厦钟表部
电话: (0451) 5362 0070

长春
长春中孚世界名表行
长春市重庆路建和胡同79号
电话: (0431) 896 0033

鞍山
鞍山东方表行
鞍山市铁东区五一路34号
电话: (0412) 2230 199

天津
天津市亨得利钟表眼镜有限公司
天津市河西区友谊北路60号金河购物广场1层外店
电话: (022) 2326 0105

天津市友谊商厦
天津市河西区友谊路21号
电话: (022) 2641 2538

济南
济南贵和购物中心
济南市天地坛街1号
电话: (0531)8098 2015/2018

青岛
青岛海信广场
青岛市山东路9号海信广场
电话: (0532) 8582 1295

昆明
昆明金格中心
昆明市东风东路9号金格中心
电话: (0871) 311 9088

重庆
英皇钟表珠宝店
重庆市渝中区五一路海逸酒店LGL层(平街层)
电话: (023) 6382 8329

成都
迪生珠宝钟表
成都总府路31号西武百货1楼
电话: (023) 8662 7727/6561

太原
华宇国际精品商厦
太原市府西街169号
电话: (0351) 560 1891

西安
西安中大国际名品广场
西安市南大街30号中大国际名品广场118店铺
电话: (029) 8720 3027

杭州
杭州大厦
杭州市武林广场1号
电话: (0571)8505 7599

宁波
宁波美和珠宝钟表行
宁波市碶闸街197号天一广场一号门
电话: (0574) 8725 1199

广州
英皇钟表珠宝店
广州市天河区228号正佳广场1B042
电话: (020) 3833 1933

深圳
喜运佳钟表
深圳市深南中路1095号中信城市广场福田西百货2楼2019C -2019D (钟表部)
电话: (0755) 2594 1112

所罗门钟表珠宝店
深圳市罗湖区人民南路金光华广场1楼
电话: (0755) 8261 1299

乌鲁木齐
天山百货
新疆乌鲁木齐市和平北路70号天山百货大楼钟表厅

沛纳海

无论是资深收藏者还是喜欢时尚的人士都会对Panerai青睐有加。几乎所有对流行趋势敏感的人，都不会忽视这个牌子每年的新款式。Panerai的魅力是太容易让人“中毒”的。

PANERAI从改良使用公用机芯，一直到完全拥有自己的自厂机芯，走过了一条自信的路。Radiomir 8 Days GMT以第一款纯自制机芯打响了名气。这款机芯是13³/₄法分（约30.71毫米）的口径，21石，其能量贮存以3个发条鼓提供8天的长动力，摆频为28800次/小时，为高准确度提供了必然的条件。到了Luminor 1950 8 Days GMT（PAM233），采用同样的P.2002机芯，但由于采用了44毫米不锈钢表壳，定价比贵金属的版本便宜了许多，成为众人追逐的目标。它的表面布局简单清楚，中央有第二时区指针，小秒针盘内有一圆窗指示日夜，而下方是线性动力贮存指示。此表的外壳如同其他1950系列一样拉丝打磨，配2毫米厚抗反光玻璃，有透明表背可欣赏机芯。它附有牛皮带及橡胶带，采用特大针扣。在2006年里，它的限量仅1500只，能不能“订购”得到要看阁下的手段了。

几年前Panerai试制出Luminor ¹/₈秒计时表，在小范围的收藏圈里，引起一阵波澜。厂方宣布正式推出不锈钢Radiomir Chrono One/Eight Second（PAM246）后，令很多资深收藏家喜出望外。Radiomir造型的表壳，更受资深玩家的喜爱。此表是45毫米的口径，黑色表面，¹/₈秒计时针盘为银色。为配合整体处理，两根计时秒针中一根是银色，一根是蓝钢。它的追针按钮与表冠同轴，是叫人惬意的设计。此表装置OP XXI 40石自动机芯，直径13¹/₄法分（约29.59毫米），每小时28800摆，有42小时的动力贮存。它的制作限量仅300只，如果能买到，一定可以开一瓶好酒庆祝。

Daylight计时表有不少捧场客，新款换上了全然不同的表面。在44毫米的不锈钢Luminor Chrono Daylight（PAM236）中，3个辅助针盘下陷，形成优美的层次感。上方的小时数字12特别加大，呼应了Daylight的命名。它的计时按钮在表冠护桥的两旁，构成和谐的整体。4到5时间的小日历窗，用10时位置的侧置隐蔽按钮调较。此表使用OP XII自动上链机芯，27石，每小时

Luminor 1950 8 Days GMT - PAM00233

不锈钢，表壳口径44毫米，人手上链P.2002机芯，8天动力贮存，防水深度100米，牛皮或橡胶表带连大舌头表扣，2006年限量制作1500只

Radiomir Chrono One / Eighth Second的OP XXI机芯

28800摆，有46小时的动力贮存，得到COSC天文台表认证。它配备不锈钢链带，在2006年里只做500只。此外，它还有配鳄鱼皮带的型号，分别是黑面黑皮带的PAM250和象牙面咖啡带的PAM251。

也许，世界上还是有人和我一样，非贵金属表壳不爱。42毫米的Radiomir GMT/Alarm不锈钢表，多年来都是市场上大受欢迎的作品，今年它有了红金的版本（PAM238）。虽然外壳与表面的基本设计是相同的，但用了红金之后形象已大为不同。此表是自动上链的机芯，13¼法分大小，31石，每小时28800摆，有47个小时的动力贮存，夹板上刻有日内瓦条纹。在2006年里，它的生产限量是200只。

Radiomir Chrono One / Eighth Second - PAM00246

不锈钢，表壳口径45毫米，自动上链OP XXI 1/8秒计时机芯，天文台认证，防水深度100米，鳄鱼皮表带连个性化表扣，限量制作300只

Panerai的个性是简约，返璞归真的1938（PAM232），绝对表达了这一点，所以人们都在虎视眈眈，希望得到一只。它是47毫米的特大口径，Radiomir造型，类似当年的原始军表。此表使用人手上链的OP X机芯，表面上就只有时分针，直截了当。它用的皮带，也是复古的人手缝线款式，迎合整体氛围。此表的限量，仅1938只。与此同时，厂方还会推出加州面的1936，数量更将少至1936只。据说，SIHH的头几天，就共接到了5000只订单！

2004年，芝柏与法拉利的10年合作关系告终。我们都知道，法拉利的新表将是群雄逐鹿的鹄的。结果揭晓，Officine Panerai雀屏中目。去年3月底，法拉利和Panerai在车厂所在地Maranello举行全球记者会，抢先在两展之前宣布两个意大利品牌合作的新手表正式面世。1个月之后，曾经叱咤表坛的法拉利表，以全新的面貌在SIHH全线展出。

Luminor Chrono Daylight - PAM00236
不锈钢，表壳口径44毫米，自动上链OP XII计时机芯，天文台认证，防水深度100米，2006年限量制作500只

Luminor Chrono Daylight - PAM00250（右）及 PAM00251
不锈钢，表壳口径44毫米，自动上链OP XII计时机芯，天文台认证，防水深度100米，鳄鱼皮表带连个性化表扣

Radiomir GMT/Alarm - PAM00238

18K红金，表壳口径42毫米，自动上链响闹GMT机芯，防水深度30米，鳄鱼皮表带连红金个性化表扣，2006年限量制作200只

纯正的意大利设计，带来别开生面的观感。在前方，我们看到的只是Ferrari名字和跃马商标。但在表底，却明确地标示了强力心脏的出处：Engineered by Officine Panerai。它的表壳是Radiomir的背垫形轮廓，它的固定表耳则来自Luminor。Panerai聪明地一箭双雕，把两个经典系列的特色尽皆网罗。从侧面看，新手表为弧穹形，其轮廓线条及厚薄比例正是法拉利跑车的空气动力学外型的重现。它的表冠，只需转1/3圈就可锁定，它的造型灵

Radiomir 1938 - PAM00232

不锈钢，表壳口径47毫米，人手上链OP X机芯，防水深度100米，真皮表带连个性化表扣，限量制作1938只

Ferrari Automatic, Scuderia（左）和Granturismo

不锈钢，表壳口径45毫米，自动上链OP III机芯，天文台认证，防水深度100米，小牛皮表带连个性化表扣

感来自法拉利仪表板上的操控按钮。12角的旋入式底盖上，刻有跃马标志和格纹，后者源自法拉利跑车的发动机保护罩。

Ferrari Engineered by Officine Panerai有2个主要系列，均为45毫米的口径，分别是Granturismo和Scuderia，它们功能与外型相约，最大区别是表面的色泽与细节设计。Granturismo的表面印有Ferrari名字，12时位置有跃马商标，主要以红、黑两种颜色为主，主体是立体的细格图案。大小参差的针盘在该品牌跑车的仪表板上常见，小秒针上的红刻度更是引擎转数表上的重要特点。

Ferrari 8 Days GMT

18K红金，表壳口径45毫米，人手上链P.2002/2 GMT机芯，8天动力贮存，防水深度100米，鳄鱼皮表带连红金个性化表扣

Ferrari Chronograph, Granturismo（上）和 Scuderia

不锈钢，表壳口径45毫米，自动上链OP XII计时机芯，天文台认证，防水深度100米，鳄鱼皮表带连个性化表扣

它的针盘均有斜面金属圈的拱托，配合立体阿拉伯数字带出玲珑浮突的三维空间感。这个系列的表配上路易桑那短嘴鳄鱼皮表带，有红色鳄鱼皮的里垫。整个系列都用红秒针，它的礼盒是法拉利红的钢琴漆装饰。不过也有例外，这个系列中有一款计时自动表，采用黄色的表面。

表面的12时位置有一个黄色盾牌，内有黑色跃马标志者，就属于Scuderia系列。这个人们也称为SF的跃马盾牌标志，最早在1932年的Scuderia Ferrari跑车出现，原本为1918年殉职的航空先驱Francesco Baracca所设计，由他的母亲在1923年将所有权赠送给法拉利的

Ferrari GMT, Granturismo（上）和 Scuderia
不锈钢，表壳口径45毫米，自动上链OP VIII GMT机芯，天文台认证，防水深度100米，鳄鱼皮表带连个性化表扣

表背的Engineered by Officine Panerai字样

Ferrari Rattrapante, Scuderia（左）和 Granturismo

不锈钢，表壳口径45毫米，自动上链OP XVIII追针计时机芯，天文台认证，防水深度100米，鳄鱼皮表带连个性化表扣

创办人Enzo Ferrari。盾牌上的黄色，是Enzo诞生地Modena的代表色，上方的红、白、绿三色代表意大利。Scuderia系列的表，表面针盘上都围有立体面罩，它以钛金属制成，设计灵感亦来自法拉利跑车仪表板。它的皮带，以克什米尔小牛皮制成，后有黄色的短嘴鳄鱼皮衬底。它的秒针是黄色，自然地，它的礼盒是黄色钢琴漆。

两个系列的表都有4种具有不同功能的型号，分别是自动表、GMT两地时间表、计时表和Rattrapante双秒追针计时表，全部机芯都得到COSC的天文台表认证。除了上述型号，我特别喜欢红金特别版Granturismo 8 Days GMT。朋友们都可以想象，它用了Panerai自行开发制造的P.2002机芯。与Radiomir 8 Days GMT不同的是，它的日夜指示跟动力贮存指示都采用了圆窗设计，以保证观感的简约。特别版及所有Rattrapante的型号，均装有透明底盖，它用厚达1.55毫米的宝石晶片制成，上面印有金属网格。我欣赏Ferrari 8 Days GMT放弃了自己极喜欢的线性动力贮存指示，那正是高速运动必需的简约视觉性。开法拉利追风逐日，过多的指针全无意义！

资料查询

历峰亚太有限公司

香港中环康乐广场1号怡和大厦1318室
电话: (852) 2842 0168
传真: (852) 2810 6118
网址: www.panerai.com

国内维修服务中心

北京

世界钟表荟萃馆
北京市崇文门区崇文门外大街新世纪北座办公楼601室
电话: (010) 6708 3227
传真: (010) 6708 3225

上海

世界钟表荟萃馆
上海市淮海中路 / 宝庆路百富勤广场5楼
电话: (021) 6445 9955
传真: (021) 6445 0202

专卖店

上海

上海市南京西路1266号恒隆广场139号铺
电话: (021) 6288 0100

营销网络

北京

英皇钟表珠宝(北京国贸店)
北京市建国门外大街1号国贸商城地下一层SB103-7店
电话: (010) 6505 6186

英皇钟表珠宝
北京市建国门外大街22号赛特购物中心
电话: (010) 6515 8049

大连

大连锦华钟表有限公司
大连市中山区解放路19号白年城M2层
电话: (0411) 8230 7803

成都

迪生钟表珠宝
成都市总府路31号西武百货1楼
电话: (028) 8662 7727

沈阳

迪生钟表珠宝
沈阳市沈河区青年大街211号西武百货1楼
电话: (024) 6282 0366-162

哈尔滨

英皇钟表珠宝
哈尔滨市道里区中央大街69号金安欧罗巴广场一层B区106铺
电话: (0451) 8456 7822

杭州

英皇钟表珠宝
杭州市东坡路9号
电话: (0571) 8717 2608

广州

广州友谊商店
广州市环市东路369号广州友谊商店1楼
电话: (020) 8358 7785

VACHERON CONSTANTIN
Manufacture Horlogère. Genève, depuis 1755.
江詩丹頓

江诗丹顿

在内地，江诗丹顿的认知度极高。说到最顶级的手表，相信有不少人首先想到它。据我知道，在过去差不多10年的日子里，江诗丹顿的Patrimony Classic一直卖得很好。简简单单中表现了优雅，内蕴的贵气自然流露，即便是普通人也会仰首伫望。买江诗丹顿的中国人，首先当然要有消费力，其次还必须具备绝不随波逐流的高尚品位。

贵价手表的消费日益普遍，懂得点鸡毛蒜皮的人也会先以自产机芯作选择时的重要考量。这个趋势，迫使厂家作出人力物力的投资，以增加市场竞争力。怎么才算具备完整开发基础机芯的能力？我觉得起码是能做出自动表来。三大名牌之一的江诗丹顿，也正式走入这个行列。2004年，他们生产了Cal 1400人手上链机芯。在即将开始的SIHH上，他们更展出使用自厂自动机芯2450的40毫米大口径手表Patrimony Contemporary Automatique。此新机芯使用22K金摆陀，直径11½ 法分(25.60毫米)，厚度3.60毫米，27石，振频每小时28800次，打磨装饰得到日内瓦印记的加持。Patrimony Contemporary Automatique有白金与黄金两个型号，配小秒针和日历窗的布局十分优雅，正是50年前的江诗丹顿特色。

2007年初，江诗丹顿的杭州旗舰店开幕。华东的表迷，在西子湖畔看到了江诗丹顿以铂金表为主题的展览。在钟表世界里，铂金这物质一直与“顶级”两字画上等号，只有最珍贵创作，才能够与这种比黄金罕有30倍，并以永不磨损的特质象征永恒价值的高密度贵金属匹配。自1820年首次制作铂金表后，江诗丹顿开展了持续近200年的铂金表创作历程。今年，品牌一口气推出多款铂金手表，除了展示运用这种物质的娴熟，更为跨进第二个250年洒开昂首阔步。

在表展里，Malte Perpetual Calendar Retrograde Date飞返万年历自动表是其中一枚最受注瞩目的新作。除了名贵的物料，此表的万年历指示方式，更是让人拍案叫绝。开放式表面上，蓝宝水晶玻璃展示手工雕饰的红金颜色的基板，表面上半的日期数字分成单双数两排，配合飞返指针指示日期。月份和星期也以小针盘显示，指针末端的白片指在印上了黑色刻度的透明玻璃上，托出当天的所属月份与星期。4位数字的年份显示，放置在6时位置上。至于闰年显示，则由3时位的金属小圆碟负责，上面

Patrimony Contemporary Automatique采用自厂的自动上链机芯Cal 2450，日内瓦印记

Patrimony Contemporary Automatique
18K白金或黄金，表壳口径40毫米，自动上链2450机芯，防水深度30米

Malte Perpetual Calendar Retrograde Date
铂金，表壳口径38.5毫米，自动上链1226 QPRD飞返万年历机芯，防水深度30米，鳄鱼皮表带连18K白金表扣

的一块小白片，指示当年的闰年次序。镂空显示一向是江诗丹顿的强项，错综复杂的表面，看起来却井然有序，大师级的功力显露无遗。

Malte万年历的表壳口径是十分适中的38.5毫米，拥有这个系列在新世纪的刚直线条。编号1226QPRD的自制机芯，11½法分（约25.68毫米），厚度只有5.05毫米，36石，每小时28800摆，38小时动力贮存，以人工修饰及打磨。配蓝色鳄鱼皮表带及18K白金表扣，防水深度30米。

除了万年历，江诗丹顿还推出了3款限量的不同功能铂金手表，命名为江诗丹顿优秀铂金系列。它们划一选用铂金的表壳、表面及表扣，并在表面上注明PT950的字样以兹识别。当中的Patrimony Contemporaine是拥有经典造型的两针日用款式。在保持浑圆纤薄轮廓的同时，此

Platinum Patrimony Contemporaine

铂金，表壳口径40毫米，人手上链1400机芯，日内瓦印记，防水深度30米，限量制作150只

Platinum Malte Chronographe

铂金，表壳口径41.5毫米，人手上链1141计时机芯，防水深度30米，鳄鱼皮表带连铂金表扣，限量制作75只

表以现代标准的40毫米口径，注入时尚摩登的气息。低调的表面，就只有时分针、品牌名称及马耳他十字星标记、长条及圆点时分刻度，及4至5时之间的PT950字标，所谓的less is more，应该就是这样子的。宽广的银灰色表面，以微粒喷面处理强调了铂金的质感，边缘的弧面设计，令表面呈现更出色的立体感。

Patrimony Contemporaine搭配高质素的人手上链

通过透明蓝宝水晶底盖，可以欣赏到象征传统优秀制表工艺的机芯

Les Cabinotiers Skeleton Minute Repeater
铂金，表壳口径37毫米，人手上链1755 SQ镂空三问机芯，
蓝色鳄鱼皮表带连铂金表扣，限量制作15只

Cal 1400超薄机芯，通过严格的修饰规定而得到日内瓦印记的加持。这枚自产的机芯有20石，28800摆幅及40小时动力贮存。配蓝色鳄鱼皮表带及铂金表扣，防水深度30米，限量150枚。

江诗丹顿的古董两盘计时手表，是这个范畴里的珍品，在拍卖场上，身价更是水涨船高。限量铂金系列的Malte Chronographe马耳他计时表，便以呈现经典江诗

1755 SQ机芯厚度仅3.28毫米，是当今最薄的三问机芯

Malte Perpetual Calendar Minute Repeater
18K红金，表壳口径41毫米，人手上链1755 QP三问万年历机芯，鳄鱼皮表带连18K红金折叠扣，限量制作30只

丹顿计时表的风貌为设计原则。此表选用了经典的Cal 1141人手上链计时机芯，通过透明蓝宝水晶底盖，可以欣赏到这枚象征传统优秀制表工艺的佳作；不论是只会出现在高级计时手表上的星柱轮结构、Y形的计时齿轮夹板、螺丝校正摆轮、手工倒角打磨，以至机板上的日内瓦条纹修饰及圆珠打磨，无不令爱表之人兴奋莫名。

马耳他计时表的表面设计，在延续早期计时表的风格之余，亦贯彻了铂金系列的低调奢华。9时及3时位置，分别是小三针及30分钟计时小盘，后者与中轴的计时秒针以蓝钢制成，表面外围有测速及测距刻度。4时半位置有PT950标记，银灰色表面以微粒喷面处理。此表口径41.5毫米，限量75只。

铂金系列里最昂贵的作品，是镂空的超薄三问表Les Cabinotiers Skeleton Minute Repeater。此表可以说是江

以一款20世纪40年代著名机芯为蓝本，拥有古典三指式基板的Cal 1755 QP机芯

诗丹顿复杂表中辨识度最高的一枚，是不少收藏家眼中的梦幻逸品，如今不单配上铂金表壳，更只做15枚，势必令很多人头脑发热。江诗丹顿的镂空技术，一直得到很高的评价，在代表最复杂制表技艺的三问上动刀，更显示其艺高人胆大。1755 SQ人手上链三问机芯有330个零件，厚度仅3.28毫米，是当今最薄的三问机芯。

从切割、镂空、雕刻、打磨、装嵌到调校，每款机芯的制作时间最少需要320小时，即使是最细微的螺丝，也是由工匠以人手打磨。此表的圆形铂金表壳直径37毫米，拥有造型独特的表耳，三问的拉杆在表壳左侧。

1992年，江诗丹顿发表了Cal 1755人手上链三问万年历机芯，装置在限量200枚的37毫米圆形表壳里。14年后，品牌将库存的最后30枚Cal 1755装在18K红金的表壳内，成为这机芯的“最后探戈”。与前作相比，2006年版

Overseas Chronograph

18K黄金，表壳口径42毫米，自动上链VC 1137计时机芯，软铁防磁保护网，防水深度150米，18K黄金链带

马耳他三问万年历拥有更清脆利落的线条，表壳口径增加到大41毫米，不单顺应潮流，更让表面腾出额外空间，加入罗马数字时标及路轨式刻度。12时的月份盘也加大了，48个月与闰年显示以2片高低不一的碟片增加可读性。星期、日历、月相3个针盘陷入表面内，带来更强的立体感，表面另外增加了人手雕刻的“Vieux Panier”图案。月相以青金石为背景，月亮则以18K金造成。此表配透明蓝宝底盖，让使用者可欣赏到以一款20世纪40年代著名机芯为蓝本，拥有古典三指式机板的Cal 1755机芯的奥妙。

刚强而富运动气息的Overseas是江诗丹顿展露华贵典雅之外另一面的新尝试。不知不觉，这个系列已经诞生了10周年。今年推出新型号，包括18K黄金的大日历计时表Overseas Chronograph，以及有红金、黄金和不锈钢的两地时间表Overseas Dual Time。前者以2004年推出的不锈钢款式为基础，立体图案雕刻的表面上有小三针、30分钟及12小时计时盘和双窗大日历，搭配自动上链Cal 1137机芯及18K黄金链带。后者则是全新设计，限量250枚的红金款式配巧克力色磨砂表面，黄金及不锈钢款式则分别配白及黑色雕刻表面。大三针的设计，12小时制式的第二时区针盘设在6时位置，旁边是小巧的圆形日夜显示。3时及9时位分别是日历及动力贮存显示。表壳的2时位有第二时区调校按钮，配与表壳物质相符的链带。此表的Cal 1222机芯，有40小时动力贮存，与计时款式一样，机芯由软铁防磁网片保护，能承受25000安培/米^{2}的磁场，并在表面上注有Antimagnetic的字样。

Overseas Dual Time

18K红金或黄金，表壳口径42毫米，自动上链1222两地时间机芯，软铁防磁保护网，防水深度150米，18K金链带，红金版本限量250只

Overseas Dual Time
不锈钢，表壳口径42毫米，自动上链1222两地时间机芯，软铁防磁保护网，防水深度150米

资料查询

历峰亚太有限公司

香港中环康乐广场1号怡和大厦1307室
电话:(852) 2143 8111
传真:(852) 2511 0303
网址: www.vacheron-constantin.com

国内维修服务中心

北京
北京市崇文门外大街3号新世界北办公楼601室
电话:(010) 6708 0015/21

北京市王府井大街138号1层148号
电话:(010) 6527 4678

上海
上海市淮海中路/宝庆路1路百富勤广场5楼
电话:(021) 6445 9955

专卖店

北京
北京市王府井大街138号新东安市场1层148号铺
电话:(010) 6527 4678

上海
上海市静安区南京西路1113号铺
电话:(021) 6256 2270

大连
大连市中山区解放路1号百年商城1楼101店
电话:(0411) 8230 7719

鞍山
鞍山市铁东区二一九路47号
电话:(0412) 544 1999

宁波
宁波市中山东路166号天一广场国际购物中心F1-07
电话:(0574) 8724 7005

成都
成都市人民东路61号仁和春天百货1楼
电话:(028) 8665 2733

杭州
杭州市平海路124号利星广场1楼
电话: (0571) 8702 8693

营销网络

北京
英皇钟表珠宝
北京市建国门外大街22号赛特购物中心北门
电话:(010) 8511 0922

上海
迪生钟表珠宝
上海市遵义南路6号虹桥友谊商城1楼
电话:(021) 6219 9319

上海钟表商店有限公司
上海市淮海中路478 - 492号
电话:(021) 5382 7094

东方商厦有限公司
上海市漕溪北路8号东方商厦一层
电话:(021) 6487 0000 内线.5272

亨达利钟表世茂国际店
上海市南京东路829号2F
电话:(021) 6351 5129

名表城上海市南京西路1177号
电话:(021) 6272 6903

哈尔滨
新宇钟表捷夫连卡佛店
哈尔滨市道里区中央大街107号
电话:(0451) 8465 6367

新宇钟表捷夫旗舰店
哈尔滨市道里区中央大街142号
电话:(0451) 8467 6972

长春
长春中孚世界名表行
长春市重庆路国联小区8B1楼
电话:(0431) 896 2168

大连
大连友谊商城
大连市中山区人民路8号
电话:(0411) 8263 2417

沈阳
名表城
沈阳市和平区中山路61号
电话:(024) 2383 2831

名表城
沈阳市沈河区中街路148号
电话:(024) 2484 1192

重庆
英皇钟表珠宝
重庆市渝中区五一路重庆海逸酒店LG层
电话:(023) 6382 8329

广州
广州友谊商店
广州市天河北路28号时代广场
电话:(020) 8357 6628 (3852)

济南
贵和购物中心
济南市天地坛街1号
电话:(0531) 8602 8888

青岛
青岛海信广场富明高钟表
青岛市山东路9号
电话:(0532) 8582 1295

深圳
特免喜运佳钟表有限公司福田西武店
深圳市中信城市广场福田西武百货二楼
电话:(0755) 8239 8105

南京
南京东方表行东方商业店
南京市中山南路2号东方商城首层
电话:(025) 8478 4008

郑州
东方表行裕达店
郑州市中原中路220号裕达国际贸易中心精品广场首层117-118
电话:(0371) 6772 3020

西安
西安中大国际名品广场
西安市南大街30号
电话:(029) 8720 3027

乌鲁木齐
名表城
新疆乌鲁木齐市中山路106号丹璐时尚广场底层
电话: (0991) 284 2422

杭州
盛时表行(杭州大厦店)
杭州市武林广场1号
电话: (0571) 8506 3043

昆明
昆明金格中心
昆明市东风东路9号
电话: (0871) 311 9088

JAEGER-LECOULTRE

積家

积家

2007年春节之前，我参与了在京沪台等几个大城市举办的积家Master Tourbillon中国发布会。作为主讲者之一，我自己对这款表是有所偏爱的。不讳言，在下虽然很喜欢藏品中的Reverso Platinum Two，但它的口径是小了一点的，新一代的Master，却刚好可补此不足。

Master Tourbillon是41.5毫米的口径，装置了自行开发的Cal 978陀飞轮自动机芯，有302个组件，33石，每小时28800摆，镀上22K金部分的摆陀及48小时动力贮存。不论从功能和使用上，还是从机芯打磨装饰看，它与最高价级的陀飞轮表相比不遑多让。它的旋转陀飞轮框架和固定横桥都雕得很细，有仙风道骨的潇洒。它的12时位置有24小时针盘，可用作两地时间指示用途。时分中轴上有日历指针，很特别的是，它不是360度旋转运作，也不是已经成为滥觞的飞返式指针。为了不阻挡陀飞轮装置的美丽画面，它会在到达陀飞轮左边的15日后大步跨越圆窗，跳到右侧的16，再作正常行走。而在不碍陀飞轮的同时，摆轮中轴上的三叉戟秒针也无遮无掩。这样的跳远指针设计，在钟表史上从来没有过。

6时位置的陀飞轮，有特大的口径。在理论上，大的旋转框架与快的摆轮频率是较容易消耗动力的两个因素。然则，Master Tourbillon不单用大框架大摆轮，还设置了每小时28800次的高摆速，恣意忽视动力的消耗，以达到高准确度之本。它的摆轮为螺丝调准，在小号的配重螺丝外，还有4颗较大的调校螺丝，完成方位调正之任务。它的旋转框架由钛金属制成，重量仅0.28克。而全新的大摆轮，则有每平方厘米11.5毫克的扭力。此机芯采用小巧的横移马仔，其推动的擒纵轮棘爪经过特别设计，形状异常复杂，得以在框架的有限空间内顺畅行走，与机芯内的特种齿轮异曲同工。惊鸿一瞥，可能觉得此表的陀飞轮构造颇为精简，但取放大镜细看，却是丝丝入扣不容间发。尤其是心形的擒纵夹板出色地把擒纵轮设置于框架边缘，在翩翩起舞中走出优美的步伐，更令人叹为观止。可以说，在构造上在打磨上，它是不会比定价贵它五六成的其他陀飞轮表逊色的。

光从这样特别的设计看，已经极有吸引力。何况售价真的极为克制！我建议想买陀飞轮的人看过它再作最后打算。此一鸣惊人的陀飞轮有不锈钢、红金和铂金（限量300只）的3个版本。作为收藏项目，我极少选钢表，所

Master Tourbillon

铂金、18K红金或不锈钢，表壳口径41.5毫米，自动上链Cal 978陀飞轮两地时间机芯，22K金摆陀，防水深度50米，鳄鱼皮表带连18K金或不锈钢折叠扣

Reverso Grande Complication à Triptyque

铂金，表壳尺寸37.7毫米 x 55毫米 x 17.9毫米，三表面设计，人手上链机芯，18项复杂功能，鳄鱼皮表带连铂金折叠扣，限量制作75只

以订了红金的。

Master Tourbillon是走下神坛面向广大爱表人的作品。积家自有秘密武器，在瑞士表坛问鼎。今年是积家的成功系列Reverso诞生的75周年。75周年华诞的重头压轴戏，是Grande Complication à Triptyque。

悠悠75年，Reverso从单面指示过渡到双面，然后是Triptyque史无前例的3面。有了3组表面，多达18项的不同功能便可以在不同的层面指示出来。最“正统”或者最常用的一面，除了时分指示之外，还有日夜指示与陀飞轮。

每分钟旋转一圈的陀飞轮控速装置，采用了全新设计的分离式擒纵系统（detached escapement）。所谓分离式擒纵，其实现代所有机械手表都在使用，现代的马式擒纵就是其一。马仔与擒纵轮的快速推拉有摩擦损耗，而在一冲与一勒的过程中也对时计的准确度有影响。在积家新擒纵装置中，马仔注定要淘汰出局。叫做椭圆盘等距擒纵装置的这组机械，原本用在高品质的航海天文台钟里，经过积家大师的重新设计，改善了它原有的缺点。新

Reverso Squadra Hometime

18K红金或不锈钢，自动上链Cal 977两地时间机芯，防水深度50米，鳄鱼皮表带连红金或不锈钢折叠扣、或红金或不锈钢链带

的系统由4个部件组成，分别是擒纵轮、滚轴、挡臂及制动杆。将活动扭力增加至每平方厘米11.5毫克的铍铜合金摆轮，上有10个固定螺丝及4个可调节螺丝，有效地控制摆动幅度。足够扭力的摆轮使游丝在无须快慢针的控制下自由摆动，达到更高性能。与此同时，椭圆盘等距擒纵装置可以在任何位置理想运作，经得起所有撞击，乃因为挡臂和擒纵轮均采用单晶硅片制成。这种物料特轻特硬防磁抗蚀，其挡臂的重量仅仅为1.7毫克。当然我们知道，表面异常光滑的单晶硅部件无须润滑油。装置了椭圆盘等距擒纵装置，Triptyque的陀飞轮自是如虎添翼。Cal JLC 175机芯上的镂空式钛金属陀飞轮框架，重量只有0.08克。而即使在加上了摆轮和椭圆盘等距擒纵装置之后，总重量也仅是0.29克，世上前所未见。陀飞轮旋转框架也同时驱动一枚小秒针，它在圆窗的中央自由旋转。

在前方表面上，我们可以看到时分针和右上角的日夜24小时指针。与其他积家陀飞轮不同的是，创作者刻意将摆轮偏置，使用者可以看到椭圆盘等距擒纵装置的活动。每一天，它绝对准确地提供259200次的推进，而不

Reverso Squadra Chronograph GMT
18K红金或不锈钢，自动上链Cal 754计时GMT机芯，防水深度50米，鳄鱼皮表带连红金或不锈钢折叠扣、橡胶表带或红金或不锈钢链带

是常见的收放擒纵。

在基座上把表壳主体旋转过来，便是天文星象指示。这个部分象征世上最复杂的手表机械计算，我们可以随时知道头顶一片天空的状况，知道星宿的分布和活动。使用者只需以24小时指针校准所在地（例如香港）的位置，星座位置和黄道十二宫的变化就可以准确显示出来。而与此同时，表面的左右下方还各有一个针盘显示当天的日落日出时间，还有太阳时间与平均时间的等式时间差。它代表时计存在的最终目的：宇宙万物尽在计算中，尽在掌握中。

可旋转表壳的前后两面，已经有叫人咋舌的复杂功能。人们想不到，积家居然将第三个展示层面使用于基座内壁。这第三个表面，是万年历指示。积家的宣传资料上说，这是世界上最薄的万年历装置。在传动中担任最重要角色的是一个精密的推动杆系统，它由3个独立的部分组成。第一组设于主机芯内部，它连续由中轮带动，并有自己的发条鼓。踏入正午夜时，推动杆会落入蜗式轮的凹槽内，迅即输送贮藏于发条鼓内的动力，使表壳上的传动器弹出，将支架上的推动杆向后推，令基座上的另一个推动器启动，转换当天的日历。说起来，无论是日历表还是万年历表，每天一动其实已达到目的。这一动，依次推动仅仅是1.7毫米厚的万年历机芯，让飞返式日期碟向前跳一格，并同时影响星期、月份、月相以至闰年次序。虽然构造相当复杂，而且采用飞返式日期碟片，它在每个月底只需用1/10秒的时间便能令所有位置跳正。

这枚复杂机芯，内有约700个零件，采用了76颗红宝石。在我的心目中，此铂金表应该很大很重，但在试戴后感觉不错。我想因为装置了新式折叠扣的缘故，它的舒适程度还比我的Platinum Number Two好。此表已经获得了6项专利，成为最有创新性的杰作。此表为全手工制作，限量仅75只。

Reverso最叫我称誉之处，在于世上凡名表都能造假，它不能。极复杂的构造，极顺畅的运作，使自命无所不能的造假海盗束手无策。Reverso有多种不同尺码，但均为长方形。新创作中最石破天惊的，是方形的Reverso Squadra。查看1931年的注册文件，当年手绘的草图竟是方形的表壳，令我更感觉世界上总有一些什么东西是天注定的。Squadra比原本的长方形款式更加雄刚，也更具动感，走在时代前端。使用Cal 977新自动机芯的Squadra Hometime，前面有两地时间的两枚时针及小秒针盘，并以左右两方的日历和配合第二时区时间的AM/PM窗作出视觉平衡。它的水晶透明底展示了新

Reverso Squadra World Chronograph

钛，自动上链Cal 753世界时间计时机芯，65小时动力贮存，防水深度30米，鳄鱼皮表带连钛折叠扣或橡胶表带，限量制作1000只

的方形机芯，而自动摆陀的外观也是全新的。第二款是Squadra Chronograph GMT，除了两地时间外，它还添上了计时功能，而计时的分钟小时累计出色地以窗户形式指示。在它的6时位置有24小时GMT指针，可以经过表冠直接调校。此表也同样有透明表背，得以欣赏新的Cal 754自动机芯。第三款是很令我心动的Squadra World Chronograph。很特别的是，上面两个款都是中型口径，都有红金与不锈钢的款式，但World Chronograph却是大口径，而表壳只有钛金属。此表的正面有时间、大日历、计时和日夜指示，后面则是全世界24个时区的时间指示。后者的旋转小时盘上半是白色半是黑色，并以一红线为界分别日夜。此表使用的Cal 735机芯为自动上链，为配合双面指示，积家的机械大师在板路构造上作出精心安排。它可选用橡胶表带或鳄鱼皮表带，各限量1000只。

新款Reverso在功能上突出，在艺术上也敢为天下先。令在下拍案叫绝的Éclipse系列，便以微绘珐琅加机械创新达成了前所未有的突破。它最令人惊讶之处，是旋转表壳的边缘有一扁旋钮，可操作表面上一道纯金帘的开关。这道刻有罗马数字的金帘，在关闭、半开以及开启时都有不同的味道。分解表壳，可以看到一条类似芝蔴链的柔软链条灵巧地控制帘的开关。在计划中，这个系列将有多个不同型号，包括只做3只的双面珐琅型号，有混合了立体雕刻、透明珐琅和微绘工艺完成，有8种画面，各做3只的“航行与发现”，有8种微绘画面各做3只的“裸女

Reverso à Éclipse
铂金或18K红金，微绘珐琅表面，人手上链Cal 849机芯，防水深度30米，鳄鱼皮表带连18K金折叠扣，多个限量表面款式

名画”，以及有3种款各做25只的Grand Feu精烧珐琅表面红金表等。Reverso Éclipse装置了超薄的人手上链Cal 849机芯，我们都知道素质是可靠的。

Reverso大寿，Master也许会略感寂寞。但除了Master Tourbillon之外，这个系列的其他新型号其实也很有吸引力。Master 8 Days面世之后，长动力手表变得容易负担，它的销路肯定是很好的。新款Master 8 Days废除了“日与夜”指针而改用半圆窗，使原本稍为拥挤的表面天朗气清，效果有如画龙点睛。同时，多年来一直很畅销的Master Geographic也在细节上作出改变。3时位置的日历针盘，增加了本地时间的日与夜指示，而6时位置的第二时区时分针面盘侧，从小圆窗改为24小时指针。在外观上，它有更年轻更前卫的感觉。相比起来，我也许更喜欢最新的Master World Geographic。在基本设计上，它与Master Geographic相若。但由于有了转动的24小时数字环，前作的24小时或者日夜针盘变得没有存在意义。在旋转数字环的外圆有世界重要城市名字，还有标示为使用夏令时间的城市移位。原本有世界时间指示就不需要两地时间指示，但为了避免逐个名字找，原本设计的6时针盘，刚好就用作需要特别留意的城市时间的用途。最后，转换时间环的表冠从左移到右，看起来更有平衡感。这款很实用的表，有不锈钢和红金的不同版本。

Master 8 Days
不锈钢，表壳口径41.5毫米，人手上链Cal 877C机芯，8天动力贮存，防水深度50米

Master Geographic
18K红金或不锈钢，表壳口径40毫米，自动上链Cal 937世界时间机芯，防水深度50米

Master World Geographic
18K红金或不锈钢，表壳口径41.5毫米，自动上链Cal 936世界时间机芯，防水深度50米，鳄鱼皮表带连18K红金或不锈钢折叠扣

资料查询

历峰亚太有限公司

香港中环康乐广场1号怡和大厦1310室
电话: (852) 2532 7668
传真: (852) 2868 2256
网址: www.mjlc.com

历峰商业有限公司

中国上海市南京西路1168号中信泰富广场19楼1907-08室
电话: (021) 5292 9982

国内维修服务中心

北京

北京市崇文门外大街5号新世界办公楼7层
电话: (010) 6708 0915
传真: (010) 6708 0915

上海

上海市雁荡路34号
电话: (021) 5386 3318
传真: (021) 6384 5283

专卖店

北京

北京市东方君悦酒店地下一层北京积家旗舰店
电话: (010) 8518 2932

上海

上海市淮海中路478-492号上海钟表商店
电话: (021) 5382 7094

沈阳

沈阳市和平区太原北街86号中兴-沈阳商业大厦
电话: (024) 2383 2777

营销网络

北京

北京北辰购物中心
北京市朝阳区安立路8号
电话: (010) 6499 4517

北京王府井瑞士名表中心
北京市王府井大街271 - 273号
电话: (010) 6525 3490

北京燕莎友谊商城
北京市朝阳区亮马桥路52号
电话: (010) 6465 1188

北京赛特购物中心英皇钟表珠宝
北京市建国门外大街22号赛特购物中心
电话: (010) 6515 8049

北京国贸中心英皇钟表珠宝
北京市建国门外大街1号国贸中心B1/F
电话: (010) 6505 6186

北京崇光百货英皇钟表珠宝
北京市宣武区宣内大街52号
电话: (010) 6310 5319

北京新东安市场英皇钟表珠宝
北京市王府井大街138号新东安市场一层D区126-129铺
电话: (010) 6528 1257

上海

上海亨达利钟表店
上海市南京西路1010号
电话: (021) 6217 5903

上海亨得利钟表公司
上海市南京东路456号
电话: (021) 6351 6338

上海东方商厦
上海市漕溪北路8号
电话: (021) 6487 6350

上海太平洋百货(徐家汇)英皇钟表珠宝
上海市徐家汇区衡山路932号太平洋百货首层
电话: (021) 6407 0803

上海迪生钟表
上海市遵义南路6号虹桥友谊商城
电话: (021) 5382 7094

上海梅龙镇广场英皇钟表珠宝
上海市南京西路1038号梅龙镇广场首层
电话: (021) 6218 6586

上海浦东第一八佰伴商厦亨达利世界名表
上海市浦东新区张扬路501号
电话: (021) 5836 3501

哈尔滨

哈尔滨捷夫旗舰店
哈尔滨市道里区中央大街142号
电话: (0451) 467 6972

哈尔滨新世界百货
哈尔滨市南岗区花园街403号
电话: (0451) 8909 5850

哈尔滨亨吉利世界名表中心
哈尔滨市南岗区东大直街323-1号
电话: (0451) 5360 5929

长春

长春国际钟表店
长春市重庆路34号
电话: (0431) 891 9026

大连

大连友谊商城
大连市人民路8号
电话: (0411) 265 9898 内线 1066

鞍山

鞍山东方表行
鞍山市铁东区青年街58号
电话: (0412) 223 7168

沈阳

沈阳秋林公司
沈阳市和平区中山路90号
电话: (024) 2383 4888

深圳

深圳阳光表行
深圳市罗湖区嘉宾路深华商业大厦1026商铺
电话: (0755) 251 9415

广州

广州友谊商店
广州市环市东路369号
电话: (020) 8357 6628

广州友谊商店正佳广场分店
广州市天河路228号
电话: (020) 3833 1868

杭州

杭州大厦购物中心
杭州市武林广场1号
电话: (0571) 8515 3911 转 30127

济南

济南贵和购物中心
济南市天地坛街1号
电话: (0531) 602 8888 转 2015 / 2019

成都
成都亨得利钟表眼镜公司
成都市春熙北段49号
电话: (028) 666 2494

成都迪生钟表珠宝
成都市总府路31号西武百货1楼
电话: (028) 8662 7727

温州
温州盛时表行温州盛时表行世贸中心店
温州市大南门世贸广场银泰百货西侧一层
电话: (0577) 8822 4704

西安
西安豪门 / 亨吉利世界名表中心
西安市南大街70号
电话: (029) 8726 3151

西安美美百货
西安市南关正街88号长安国际广场
电话: (029) 8765 1553

郑州
郑州金博大商城
郑州市二七路200号
电话: (0371) 624 8030

太原
山西丰乐瑞士名表中心
太原市开化寺街181号
电话: (0351) 412 0111 转 9661

长沙
长沙平和堂亨吉利世界名表中心
长沙市黄兴中路88号平和堂商贸大厦一楼
电话: (0731) 2564 261

长沙东方商厦
长沙市黄兴中路188号
电话: (0731) 225 4296

福州
福州大洋百货亨吉利世界名表中心
福州市鼓楼八一七北路中城大厦百货商场1楼
电话: (591) 8303 6969

天津
天津市亨得利钟表眼镜金河分店
天津市河西区友谊北路金河购物广场
电话: (022) 2326 0105

重庆
重庆英皇钟表珠宝海逸店
重庆市渝中区五一路海逸酒店LG层
电话: (023) 6382 8329

重庆英皇钟表珠宝远东店
重庆市江北区洋河路10号北城天街远东百货
电话: (023) 8911 8076

大同
大同银星金店
大同市四牌楼
电话: (0352) 205 0802

兰州
兰州巍雅斯名表行
兰州市东方红广场国际博览中心北侧一楼
电话: (0931) 847 8576

银川
银川巍雅斯名表行
银川市玉皇阁南街新华商城8号
电话: (0951) 601 3608

无锡
无锡东方商厦
无锡市中山路188号1楼
电话: (0510) 270 0750

乌鲁木齐
乌鲁木齐亨吉利世界名表中心
乌鲁木齐市民主路22号
电话: (0991) 283 6099

南昌
南昌亨得利
南昌市胜利路26号
电话: (0791) 664 1143

青岛
青岛阳光百货
青岛市香港中路38号
电话: (0532) 8667 7167

青岛迈凯乐商厦
青岛市香港中路69号
电话: (0532) 8989 6928

昆明
昆明历山百货
昆明市青年路397号
电话: (0871) 315 8288

宁波
宁波金光中心
宁波市中山东路279号金光中心F1-01
电话: (0574) 8770 2259

南宁
南宁百盛购物中心
南宁市朝阳路青云街18号百盛购物中心一层
电话: (0771) 263 9505

AP
AUDEMARS PIGUET
Le maître de l'horlogerie depuis 1875
愛彼錶

爱彼表

爱彼作为瑞士最高端的品牌之一，一直努力设计制作有自己独家风格的作品。自从1999年开始，“八大天王”系列(Tradition d'Excellence collection) 便成为爱彼最令人期待的顶级复杂作品。新推出的第5号作品，外观上起用了爱彼前些年风行的Millenary椭圆形表壳，开放式的立体表面上，左边的全新格式的摆轮系统和上方的横桥显得抢眼非常。这是爱彼与Renaud et Papi耗费六年时间研究的成果：具有革命性意义的新擒纵装置。

过去200多年来为绝大部分机械腕表所采用的马式擒纵，在运作上最大的特点，是马仔与擒纵轮之间会发生轻微的磨损，长期缺乏润滑和调整的话，便会影响精确及耐用度。历年来，不少深具天分的制表大师都曾经过多种尝试，先后发明了数种不同原理的擒纵系统。其中1791年，制表师Robert Robin提出了一项融合棘爪擒纵系统与杠杆式擒纵系统的设计，能有效地结合前者的高效率与后者的稳定运作。但因其几何结构不仅制作繁复而且对于形式精确度的要求极为严苛，以致在有关技

配爱彼擒纵装置的Cal 2889机芯

Tradition d'Excellence Collection No.5
铂金，表壳口径47毫米，人手上链Cal 2899万年历跳秒机芯，爱彼擒纵装置，7天动力贮存，限量制作20只

Millenary MC12 Tourbillon and Chronograph
铂金，表壳口径47毫米，采用以跑车引擎为设计蓝本的Cal 2884人手上链陀飞轮计时机芯，10天动力贮存，防水深度20米，限量制作150只

术还没达到所需水平的18世纪成为了空中楼阁。爱彼第5号作品带来的全新擒纵系统，以先进的微型机械技术，将Robin当年的设计变成现实。擒纵轮的特殊几何造型，配合2组做180度摆动的游丝将动力直接传送到擒纵轮，能减少运作的干扰，大幅提高效率及降低能量耗损率，令擒纵系统不用润滑油也可以保持运作的稳定。经过长达5年的测试，证实新擒纵系统的耐用度及准确度都比传统的马式擒纵优胜。另一方面，为解决抗震的问题，爱彼特别设计了新式的防护栓，能够阻止系统在运作时意外滑脱。每个元件的形状都经过精心设计，极为精确的切割技术保证各零件不会因剧烈震动而移位。

装置了新擒纵系统的八大天王第5号，为铂金制作表壳，直径47毫米，万年历功能。偏心的主表盘有时分、指标式日历及闰年显示小圆窗，表盘上下分别是月份及日历小窗。夹在中间的两个小针盘，前者指示7日动力贮存，后者则是“逐格跳”的deadbeat跳秒小三针。透明底盖下，可看见人手上链Cal 2899机芯的双发条鼓齿轮。此枚椭圆形机芯总口径32.9毫米 x 37.9毫米，厚9.15毫米，有包括42石的323个零件，每小时震频21600次，提供168小时动力贮存，所以零件均由人手抛光打磨。万年

Ladies' Jules Audemars Tourbillon

18K红金或白金，表壳口径39毫米，表壳镶有56颗共重1.15克拉的钻石，人手上链Cal 2906陀飞轮机芯，防水深度20米，78小时动力贮存，人手缝制鳄鱼皮表带连同18K金镶钻折叠扣

历的调校，可通过用2时位置的按钮直接进行，无须其他辅助工具。跟前作一样，此表限量仅20枚，配人手缝制鳄鱼皮表带连带爱彼标志的铂金折叠扣。

Millenary系列，是爱彼展现复杂表工艺的重要平台。除了八大天王，另一款MC12铂金陀飞轮计时表同样惹人注目。此表的命名，来自意大利著名车厂马莎拉蒂的一款同名跑车，表面上自然少不了马莎拉蒂的三叉戟商标，表款设计亦承袭了很多MC12跑车的特征。采用与MC12跑车相同的蓝白色调，开放式的表面及表背，有类似跑车发动机的零件排列，特别是以阳极去氧化铝材制作呈深蓝色的陀飞轮横桥及计时轮系的摆夹。仿自赛车仪表板的偏心表面，12时位在是30分钟的计时针盘，左方是修长指标的动力贮存显示，加上外圈的测速计，带来跑车急剧加速时出现的视觉效果。表面还可以见到镌刻了马莎拉蒂与爱彼签名的铂金及白金制双发条鼓。

此表搭载了10日长动力的Cal 2884人手上链机芯。为了减轻重量，机芯的基板以碳素制成，由70个零件组成的陀飞轮只重0.45克，显示了爱彼在复杂机芯制作上的精湛工艺。配备星柱轮的计时装置，两颗按钮特别地设在10及2时位置，加强了整体的平衡感。2884机芯总口径33.4毫米 x 38.4毫米，厚9.67毫米，30石，共有336个零件，每小时震频21600次，所有零件由人手抛光打磨。

Royal Oak Dual Time
18K红金或不锈钢，表壳口径39毫米，自动上链Cal 2329/2846两地时间机芯，防水深度50米

Royal Oak Offshore Rubens Barrichello Chronograph

铂金、18K红金或钛，分别限量150、500及1000只，陶瓷外圈及按钮，表壳口径42毫米，自动上链Cal 2326/2840计时机芯，防水深度100米

Royal Oak Offshore Lady Alinghi Chronograph
不锈钢，表壳口径37毫米，镶有32颗共重1.25克拉的钻石，自动上链2385计时机芯，限量制作320只

Millenary MC12陀飞轮计时表口径47毫米，配人手缝制鳄鱼皮表带连带爱彼标志的铂金折叠扣，限量150枚。

以爱彼其中一位创办人为名的Jules Audemars系列，去年加入了为女士而设计的陀飞轮钻石表。18K红金或白金表壳分别以抛光或雾面打磨处理，外圈镶嵌了56颗共重1.15克拉的圆钻，表冠上另有一颗半圆形的蓝宝石。白色珠贝表面上，是双层的罗马数字及圆钻时标，配18K红或白金抛光时分指标。精巧的陀飞轮装置，在固若金汤的横桥底下盘踞6时位置。透明表底下，可见到人手上链机芯上，两块红金桥板上的人手雕刻螺旋图案，与表面的装饰互相呼应。此表的Cal 2906机芯，19石，每小时21600摆，动力贮存78小时，所有零件由人手抛光打磨及倒角。红金款式配白色绒面鳄鱼皮表带，白金款式则配深紫色鳄鱼皮表带，两者均配镶有共重0.38克拉的28颗圆钻的同金属折叠扣。

以独特八角形表壳称雄表坛的Royal Oak皇家橡树，不论在实用或华丽两方面，都有新的表现。在日内瓦表展前抢先亮相的两地时间表，有不锈钢及18K红金型

Ladies' Royal Oak Offshore Chronograph
18K红金或白金，表壳口径37毫米，镶有355颗共重7.15克拉的钻石，自动上链2385计时机芯

号，前者是白表面配同金属链带，后者则是黑面配黑色鳄鱼皮表带连红金折叠扣。表面上，6时位置的两地时间小针盘以12小时模式显示，辅以旁边的日夜小圆盘。表面上方另有2个小盘，分别是指标式日历和扇面动力显示。此表搭配自动上链的Cal 2329/2846机芯，上满链后可走42小时。另一款阳刚味十足的新作，是为品牌新代言人、一级方程式车手Rubens Barrichello设计的Royal Oak Offshore皇家橡树离岸计时表。此表有铂金、18K红金及钛款式，分别限量150、500及1000枚。外圈及按钮采用陶瓷制造，充满立体感的半开放式表面饰以“Méga Tapisserie Racing”大型格纹，洋溢动感气息。

爱彼对女士一向宠爱有加，新的皇家橡树自然亦不会忘记她们。继男装款式之后，为美洲杯帆船赛卫冕队伍Alinghi打气的女装离岸橡树自动计时表亦已面世。既然是为女士而设，此表在实用之余亦加上一分华贵。它的八角形不锈钢表壳，镶了32颗共重1.25克拉的钻石，配合白色橡胶表带，与男装款式成一强烈对比。此表亦是限量版，只制320枚。将皇家橡树这个家喻户晓的运动表系列

Ladies' Royal Oak Offshore Chronograph

不锈钢，表壳口径37毫米，镶有32颗共重1.25克拉的钻石，自动上链2385计时机芯，防水深度50米

Millenary Le Temps Ovale男装

18K红金或白金，表壳口径45毫米，
自动上链3120机芯，防水深度20米

***Millenary Le Temps Ovale*女装**
18K红金、白金、黄金或不锈钢，表壳镶钻，自动上链2325机芯，防水深度20米

与钻石完美结合的，还有另一款红金表壳巧克力色表面的女装离岸橡树运动表。方格状的表面烘托了外圈及表壳上的夺目钻石，表冠、按钮及表带，与表面色泽一致，将和谐的美感漫延至表的每一个角落。此表还有白金及不锈钢的型号，表面及表带改为海蓝色、淡黄及淡绿色，带出不一样的风情。

Millenary Le Temps Ovale是一款极有创意的款式。椭圆的外壳造型搭配表面中2个偏心正圆，制造出非常戏剧化的视觉效果。不对称和对称的相对运用，让人的眼睛有了一些轻微的错觉。此表有男女装多个款式，提供不同色泽及镶钻的配搭供消费者选择。男装搭配爱彼近年得意之作Cal 3120自动上链机芯，女装则选用Cal 2325自动机芯。

资料查询

爱彼（香港）有限公司

香港九龙尖沙咀广东道25号港威大厦第二期11楼1107-11室
电话：(852) 2732 9138
传真：(852) 2369 5483
网址：www.audemarspiguet.com

国内维修服务中心

上海

上海市淮海中路98号金钟广场7楼
电话：(021) 5385 8899-378
传真：(021) 5385 8969-157

营销网络

北京
北京英皇钟表珠宝赛特爱彼专卖店
北京市建国门外大街22号赛特购物中心西门南侧
电话：(010) 8511 0811

北京英皇钟表珠宝赛特店
北京市建国门外大街22号赛特购物中心一层
电话：(010) 8511 0800

北京英皇钟表珠宝东安店
北京市东城区王府井大街138号东安市场首层D区126-129店铺
电话：(010) 6526 3062

盛时表行北京燕莎店
北京市朝阳区亮马桥路52号燕莎友谊商城304室
电话：(010) 6467 3950

北京亨得利瑞士名表中心店
北京市东城区王府井大街271-273号
电话：(010) 6525 3490

上海
上海钟表商店
上海市淮海中路478-492号
电话：(021) 5306 6503

上海东方商厦有限公司
上海市漕溪北路8号
电话：(021) 6487 0000-1326

上海亨得利钟表公司
上海市南京东路456号
电话：(021) 6352 2498

上海亨达利钟表南西店
上海市南京西路1010号
电话：(021) 6217 5903

上海英皇钟表珠宝梅龙镇店
上海市静安区南京西路1038号
梅龙镇广场110-112室
电话：(021) 6218 6590

鞍山
鞍山东方表行
鞍山市铁东区四隆广场北门C区45号
电话：(0412) 2245 188

长春
长春亨得利世界名表中心
长春市重庆路54号
电话：(0431) 8896 8684

大连
大连友谊商城
大连市中山区人民路8号F1
电话：(0411) 8265 9898-1066

大连百年商城
大连市中山区解放路1号M2
电话：(0411) 8230 7803

广州
广州友谊商店
广州市环市东路369号
电话：(020) 8348 3262

杭州
盛时表行杭州大厦店
杭州市武林广场1号
电话：(0571) 8516 0251

哈尔滨
哈尔滨亨吉利世界名表中心
哈尔滨市南岗区东大直街323号
电话：(0451) 5390 5166

沈阳
新宇三宝沈阳店
沈阳市和平区中山路90号
电话：(024) 2383 4888

沈阳中兴爱彼专卖店
沈阳市和平区太原北街86号
电话：(024) 2341 0898

深圳
深圳市特免喜运佳钟表公司西武福田分店
深圳市深南中路1095号中信城市广场福田西武百货二楼
电话：(0755) 2594 1112

深圳世界名表中心
深圳市福田区深南中路3016号
电话：(0755) 8320 1518

西安
亨吉利世界名表中心西安豪门店
西安市南大街36号西豪门美食购物娱乐城
电话：(029) 8726 3151

成都
成都迪生钟表珠宝
成都市总府路31号西武百货1楼
电话：(028) 8662 7727

昆明
昆明金龙百货有限公司
昆明市白塔路90号
电话：(0871) 311 9081

SEIKO
SPRING DRIVE

精工

精工的Spring Drive从1977年首次提出概念，到2005年研发成功量产上市，一共经历了28年。对一些新晋品牌来说，28年或许已经是它们历史的全部。精工却用了整整28年，将一个梦想化为现实。自动上链的Spring Drive不单被誉为钟表界其中一项最重要的科技突破，更具有把精工这个在一般人心目中与廉价手表划上等号的品牌，提升到与瑞士高级钟表并驾齐驱的重大战略意义。事实上，定价在3万多港元的Spring Drive，不论在欧美还是亚太地区市场，都获得良好的反应。随着2006年初Spring Drive在北京设立首个专卖点以来，同

Spring Drive Moon Phase表面上简洁优美的月相显示

Spring Drive Moon Phase

不锈钢，表壳口径40.8毫米，自动上链Spring Drive 5R67月相机芯，72小时动力贮存，防水深度100米，限量制作200只

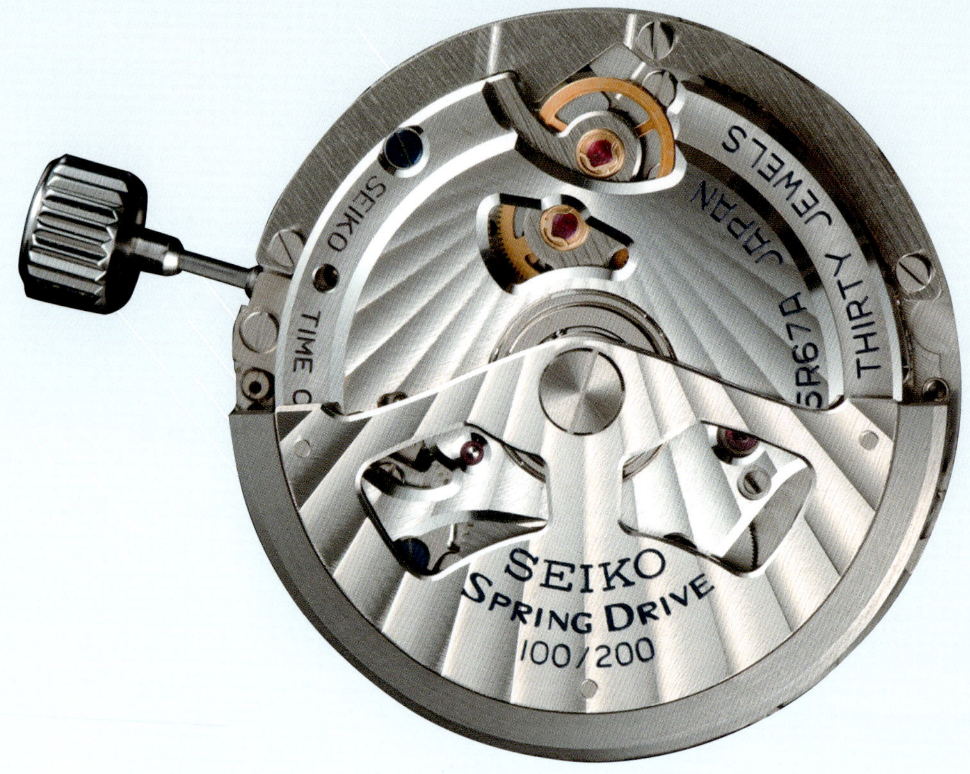

Spring Drive Moon Phase 采用的自动上链Spring Drive 5R67月相机芯

样的改变在中国大陆市场也越见显著。由于是全人手装嵌的关系，Spring Drive并不能像一般量产表般随意增加生产量，于是在需求殷切的情况下，往往造成了一表难求的情况。另一方面，Spring Drive亦得到行内专业人员的肯定。在国际大型钟表网站Timezone.com的“年度最佳手表”评选中，Spring Drive便击败了百达翡丽、江诗丹顿、朗格等强劲对手勇夺殊荣。

成功并未叫精工自满，反倒是积极的鞭策。Spring Drive系列从之前的基础上延伸出2个新款式，它们在诠释“圆”的整体设计概念的同时，也保持自身特有的吸引力。限量的Moon Phase月相表，气质上承袭了小三针型号的优雅文静，在功能及设计细节上，却有所更改及强化。首先，它改成了中央秒针的设计，让顺滑的指针走动更为显眼，指针更饰以一弯明月，切合设计主题。表面的倾斜小时刻度圈及带来分钟刻度的外环，强调了立体感及深邃的视觉。当然，此表最重要的功能改动，是加入月相显示。为了迁就月相盘的加入，原来位于3时位置的日历小窗给取消了，月相盘是精工一贯的简洁的设计，银色的月亮穿越蓝色的珠贝底盘，显示时间的宁静与纯净，如同月亮穿越夜空的连续过程。与月相盘并排的，是动力贮存显示小针盘。

不仅仅是表面传递月相的魅力，机芯本身亦完全融和整体设计。5R67机芯直径30毫米，厚度6毫米，包括30颗红宝石的288个零件，及72小时动力贮存。通过透明的蓝宝石水晶表背，可以看到以滑动轮为轴心，弥漫整个机芯夹板的扇形波纹打磨，犹如月照射出耀目的光芒，

Spring Drive GMT

不锈钢，表壳口径43毫米，自动上链Spring Drive 5R66 GMT机芯，72小时动力贮存，防水深度100米

随Sportura Kinetic Chronograph赠送的F1赛车齿轮

Sportura Kinetic Chronograph

不锈钢，人动电能9T82计时机芯，防水深度100米，不锈钢及碳纤维链带，限量制作1500只

呼应表面的月相。机芯的摆陀上刻有独立编号。Spring Drive月相表以不锈钢表壳配真皮表带，全球限量200枚，当中仅10枚分配到内地市场。

对于经常往来不同地方的人士，Spring Drive的另一款新作为他们带来了实用的GMT第二时区显示功能。此表以去年的大三针链带款式为蓝本，中轴加入了红色的GMT指针，配合24小时显示刻度。特大的动力贮存显示被深深地嵌入表面内，以便时间指针及24小时指针能平滑划过。在透明蓝宝水晶表背底下，是改良自5R65的5R66 GMT机芯。它配置296个部件，包括30颗红宝石，同样提供72小时动力贮存。此表有黑面及白面两个选择，配备实心的不锈钢链带。它的防水深度达100米。调校时只要把表冠拉出，便可设定不同时区，同时却不会影响到秒针的运行，确保准确度不受影响。

F1赛车一直被视为挑战参与者极限的运动。为了取胜，赛车的每个元件、车队的每个成员，以及车手的每个动作都必须完美无缺。这种追求完美的精神，为精工带来灵感，设计出Sportura Kinetic Chronograph人动电能计时手表。它的38石9T82机芯，结合了传统多功能机械计时手表的特性和人动电能技术所具备的可靠性与精确性，并拥有每根指针都能即时归零复位的独特功能。不锈钢表壳上有黑色离子电镀的表圈，表面采用与本田F1赛车底盘一样的碳纤维材料。表带同样以不锈钢及碳纤维造成。此表限量发行1500枚，每一枚均附有精工社长服部真二亲笔签名的独立编号证书，随表还附送本田F1赛车的原装齿轮。

另一款精工与本田F1车队合作Sportura的计时表，表面上特别印上车队的标志。此手表带有响闹功能的分段计时表，黑色的表面及橡胶表带配红色指针及刻度，带出F1赛车的火热动感。不锈钢的表壳，外圈部分采用特殊

Sportura F1 Honda Racing
不锈钢，响闹计时表芯，防水深度100米

Sportura 7T82

不锈钢，7T82飞返计时石英机芯，防水深度100米

坚硬处理，并刻有与表面刻度相配的红色测速计。同属Sportura系列，还新增了备有飞返功能的1/100秒计时表，选用的7T82石英计时机芯，备有40分钟飞返计时指针，最多可连续计时120分钟。

Sportura H024
不锈钢，1/1000秒计时机芯，防水深度100米

资料查询

精工表贸易(上海)有限公司

上海市南京西路1468号中欣大厦3601室
电话: (021) 6289 1333
传真: (021) 6289 6880
网址: www.seiko.com.cn

营销网络

北京
名表城新东安店
北京东城区王府井大街138号新东安市场一层148铺
电话: (010) 6528 0067

上海
东方表行上海久百城市广场店
上海市静安区南京西路1618号久光・久百城市广场1层S102-S103号
电话: (021)6288 2819

昆明
昆明金格中心
昆明市东风东路9号
电话: (0871)311 9088

成都
成都亨得利
成都市春熙路北段49号
电话: (028)8666 3988 转 213

沈阳
大公名表中心
沈阳市和平区中山路65号
电话: (024)2340 4588

MONTBLANC

万宝龙

始创于1906年的万宝龙，至今已经走过了101年的悠长岁月。多年来，万宝龙一直为推动文化事业而不遗余力，自1992年起更开办了“万宝龙国际艺术赞助大奖”，表扬世界各地同样对文化艺术抱有高度热诚的人士。在刚过去的100周年纪念的大喜之年中，经过严格的评审，代表中国大陆的李景汉律师及中国香港的李兆基博士，以及其他7位杰出人士，获选为得奖人。万宝龙文化基金会主席韩悟夫先生专程来华，出席了北京和香港两个颁奖仪式。

万宝龙对高雅、优美、卓越品质与完美工艺的追求，也可以其著名的六角白星标志作为象征；这星所代表的，是欧洲的最高峰白朗峰。在万宝龙的产品中，古典与经典往往集于一身，从中我们可以看到人类用时间磨砺出的精神光芒，看到一段沉淀了逾百年的文化。即使在越来越功利的今天，它也始终以促进人类文化发展为己任，为当代的文化事业倾力奉献。

万宝龙涉足钟表制作始于1997年。秉持品牌于书写工具、皮革用品以至珠宝制作方面的理念和标准，万宝龙创作出媲美其他优秀钟表品牌制作的精准时计。设于瑞士

Star Chrono GMT Perpetual Calendar Limited Edition 100

18K红金，表壳口径43毫米，表冠镶嵌万宝龙星形钻石（0.055克拉），自动上链万年历计时两地时间机芯，天文台认证，防水深度30米，黑色鳄鱼皮表带连18K红金折叠扣，限量制作100只

Star Chrono GMT Perpetual Calendar Limited Edition 3

铂金，表壳口径43毫米，表冠镶嵌万宝龙星形钻石（0.055克拉），自动上链计时万年历两地时间机芯，镂空摆陀，天文台认证，防水深度30米，黑色鳄鱼皮表带连18K白金折叠扣，限量制作3只

Star Chrono GMT Perpetual Calendar Unique Piece

铂金镂空唯一版，是杰作中的杰作。透过蓝宝透明表背，可以看见镂空摆陀上的贝母星

Le Locle的表厂更在2003年扩建至800平方米，给50位制表师一个舒适的工作环境，尽情地发挥创意，设计出各款准确恒久的手表以应市场日增之需。

万宝龙最新设计的独特型号Star Chrono GMT Perpetual Calendar，更把品牌的诚心与工艺充分表现出来了。此表有着密集式计时秒针刻度，12时位置的Montblanc六角星设计成为转动指示盘，指示24小时GMT时间，表盘中央的金质指针为分钟累计。9时位置小盘为时间秒针和星期指示，6时位置累计小时及月份指示。此盘旁边有小型视窗，以双位数字显示年份。全新设计的安全锁表冠确保调校第二时区时间及日历时准确无误。表冠部分并有可作上下位置调校的按钮装置，可以干净、利落地调校万年历的各项指示。机芯得到瑞士官方天文台认证，精确度不言而喻。它采用直径43毫米的红金表壳，雍容豪迈，弧形蓝宝石玻璃表镜，表冠镶嵌万宝龙为百周年纪念系列专利注册的43瓣切割顶级韦塞尔顿星形钻石（直径2.5毫米，重0.055克拉），蓝宝石水晶透明表背，手工制作的鳄鱼皮表带，配置同色金折叠表扣。此表防水深度30米，红金版限量制作100枚，彰显品牌100周年辉煌历史。

Profile Lady Elegance Diamonds

18K白金，表壳尺寸23毫米 x 35毫米，表壳及链带分别镶有9.85克拉钻石，或4.21克拉钻石及7.14克拉红宝石，或4.21克拉钻石及6.99克拉蓝宝石，珠贝表面镶有30颗钻石，表冠镶嵌万宝龙星形钻石（0.055克拉），石英机芯，防水深度30米，18K白金链带，限量制作各1只

为了向万宝龙三位创办人致以最崇高的敬意，Star Chrono GMT Perpetual Calendar还特别制作了极其名贵的铂金版，限量3只。而把各项精华再加以浓缩、提炼而成的Star Chrono GMT Perpetual Calendar Unique Piece铂金镂空唯一版，更有着叫人叹为观止的机芯琢磨，镌刻着花纹，镂空雕刻的摆陀上，还有一颗贝母材质的星。这枚独一无二之作，已然以百多万元人民币的价钱为国人所买。

Profile Lady Elegance Diamonds

18K白金，表壳尺寸23毫米 x 35毫米，表壳镶有1.23克拉的160颗钻石，表面镶钻，表冠镶嵌万宝龙星形钻石（0.055克拉），石英机芯，防水深度30米，限量制作100只

Profile Lady Elegance Diamonds

不锈钢，表壳尺寸23毫米 x 35毫米，表壳及表面镶钻，表冠镶嵌万宝龙星形钻石（0.055克拉），石英机芯，防水深度30米，限量制作1906只

有见女性表迷近年不断增加，不少品牌为迎合大势所趋，锐意推出各款女装设计，令女表在市场上越见鼎盛，而万宝龙亦落力参与其中。新推出的Profile Lady Elegance Diamonds Limited Edition备有3个限量版本，分别制作3、100及1906枚。限量3枚的版本各装上18K白金长方形表壳，并以钻石镶嵌作连贯：第一款在链带及表壳镶上共重9.85克拉的794颗上品韦塞尔顿圆钻及长方钻；第二款除了628颗钻石外，还有136颗长方形切割的红宝石，两者分别重4.21及7.14克拉；最后一款则把前者的红宝石部分换上6.99克拉的蓝宝石。四方位的罗马数字时刻铺上钻石，由珠贝表面伸延至表壳，令三枚天文台表更富华丽气息。

独特的表面设计同时运用于100枚及1906枚的限量版上。前款于18K白金表壳上镶嵌160颗共重1.23克拉的钻石，搭配粉红、鲜红或黑色魔鬼鱼皮表带，带出时尚风格；后者以不锈钢表壳衬托镶钻时刻，添上一分运动感觉，接连白色鳄鱼皮带或不锈钢链带，突出多变的美。除了白色珠贝表面，运动型的设计还备有粉红色表面选择，配以同色鳄鱼皮表带，有女性温柔的媚态。而1906的限量数目，更是纪念品牌成立之年，使实用的手表别具意义。

TimeWalker Chronograph Automatic
不锈钢，表壳口径43毫米，自动上链计时机芯，防水深度30米

Star Chronograph GMT Automatic
不锈钢，表壳口径42毫米，自动上链GMT计时机芯，天文台认证，防水深度30米

万宝龙也致力于邀请国际知名人士成为品牌国际大使，最近就邀得著名影星尼古拉斯·基治（Nicolas Cage）助拳，他的首项任务是为万宝龙呈献出2枚新表：TimeWalker Chronograph Automatic自动计时表的新款式，以及Star Chronograph GMT Automatic自动计时表的新款式。

万宝龙又向潜藏无限可能性的深海挑战，运用罕有的物料制作出Sport Tantalum Automatic Limited Edition 100。密度为钢2倍的钽（Tantalum）拥有坚硬、抗腐蚀的特性，而且熔点极高（高于3000摄氏度），使表壳制作工序变得相当困难，无疑为表厂的技术人员带来新的挑战。亦因为物料本身抗压力、抗拉力强，表壳上的钽

Sport Tantalum Automatic Limited Edition 100

钽，表壳口径44毫米，表冠镶嵌万宝龙星形钻石（0.055克拉），自动上链机芯，天文台认证，防水深度1906米，限量制作100只

金属排氦阀能抵御深至1906米的水压，深度恰巧呼应品牌创立年份。这款经瑞士官方认证的天文台表，口径达44毫米，银色的钽金属表壳配上可转动表圈，黑色表面配合夜光时标及日历，构成多重对比。接上黑色橡胶表带，和应表面与表圈刻度的颜色之余，令豪迈的设计更具阳刚之气。

同属运动表设计，新加盟的还有Sport Chrono Automatic Limited Edition 1906。不锈钢表壳内藏天文台认证计时机芯，附设自动排氦阀，表面备有不同颜色选择，防水深度达300米或200米。

Sport Chrono Automatic

不锈钢，表壳口径44毫米或42毫米，限量版表冠镶嵌万宝龙星形钻石（0.055克拉），自动上链计时机芯，防水深度300米或200米，橡胶表带版本限量制作1906只

资料查询

万宝龙太平洋有限公司

香港中环添美道1号中信大厦2501室
电话: (852) 2523 3591
传真: (852) 2525 5278
网址: www.montblanc.com

Montblanc Commercial (China) Co., Ltd.
上海市南京西路1168号中信泰富广场1902-1906室
电话: (021) 6141 5821
传真: (021) 6141 5889

营销网络

北京

国贸店
北京市建国门外大街1号L133B铺
电话: (010) 6505 1228

崇光店
北京市宣武区宣武门外大街8号一层
电话: (010) 6310 0176

燕莎店
北京市朝阳区亮马桥路52号一层
电话: (010) 6461 2648

赛特店
北京市建国门外大街22号一层
电话: (010) 6526 4307

东方店
北京市东长安街 1 号东方广场一层AA53 -AA55A
电话: (010) 8515 1696

百盛店
北京市复兴门内大街101号一层
电话: (010) 6607 3437

当代店
北京市中关村大街40号一层
电话: (010) 6269 6166

双安店
北京市海淀区北三环西路38号
电话: (010) 8214 8486

翠微店
北京市海淀区复兴路33号一层
电话: (010) 6821 0741

北京燕莎商城金源店
北京市海淀区远大路1号

上海

中信泰富广场
上海市南京西路1168号中信泰富广场111-112铺
电话: (021) 5116 5928/5916

久光百货
上海市南京西路1618号久光百货D115铺
电话: (021) 6288 2407

东方商厦
上海市漕溪北路8号一层
电话: (021) 6469 0311

美美百货
上海市淮海中路1312号一层
电话: (021) 6437 4816

虹桥友谊
上海市遵义南路6号一层
电话: (021) 6275 6532

第一八佰伴
上海市浦东张扬路501号一楼
电话: (021) 5836 4134

百联世茂
上海市南京东路829号百联世茂广场103铺
电话: (021) 6351 6841/6843

百盛
上海市淮海中路918号1层
电话: (021) 5403 9190

广州

广州百货
广州市北京路295号广州百货一楼
电话: (020) 8333 9146

友谊商店
广州市环市东路369号友谊商店
电话: (020) 8348 9199

友谊时代店
广州市天河北路28号时代广场友谊商店首层
电话: (020) 3891 0771

天贸
广州市天河路208号天河城首层182-184号
电话: (020) 8559 1478

深圳

深圳西武（中信）
深圳市深南中路1095号中信城市广场一层1022号
电话: (0755) 2594 1039

深圳西武（罗湖）
深圳市东门南路3002号西武百货首层108号
电话: (0755) 8238 9769

万象城
深圳市宝安南路1881号万象城首层135铺
电话: (0755) 8266 8260

青岛

巴黎春天（原海信店）
青岛市山东路9号巴黎春天广场一层
电话: (0532) 8581 0360

阳光店
青岛市香港中路阳光百货一层
电话: (0532) 8667 7180

哈尔滨

远大购物中心
哈尔滨市南岗区荣市街18号一层
电话: (0451) 5363 4889

长春

中孚名表
长春市重庆路国联社区8B一层
电话: (0431) 8948 688

长春卓展
长春市重庆路99号A座一层
电话: (0431) 894 8688

大连

大连友谊商城
大连市人民路8号一层
电话: (0411) 8265 9898-1066

大连百年城
大连市中山区解放路1号M13铺
电话: (0411) 8230 8289

沈阳

商贸饭店
沈阳市和平区中华路68号一层
电话: (024) 2341 2288-6916

中兴百货
沈阳市和平区太原北街86号一层
电话: (024) 3160 6878

秋林百货
沈阳市和平区中山路90号一层
电话: (024) 2383 4888

新玛特
沈阳市大东区小东路1号一层
电话: (024) 6216 9355

喜来登饭店
沈阳市青年大街386号
电话: (024) 2318 8888-3033

沈阳卓展
沈阳市沈河区北京街7-1号
电话: (024) 2279 5070

鞍山

慧通
鞍山市铁东区219路47甲1号
电话: (0412) 554 1999

银座
鞍山市铁东区2道街99号一层

天津

米莱欧
天津市和平区南京路209号吉利大厦4层
电话: (022) 2721 2306

友谊店
天津市河西区友谊路21号友谊商厦一层
电话: (022) 8837 8876

海信广场
天津市和平区解放路188号

南京

金鹰国际商城
南京市汉中路89号
电话: (025) 8470 0427

东方商城
南京市中山南路2号
电话: (025) 8478 4170

南京德基
南京市中山路18号一层L108号店铺
电话: (025) 8476 3422

无锡

新世界百货
无锡市中山路341号
电话: (0510) 8271 9867

南通

南通金鹰国际购物中心
南通市南大街28号
电话: (0513) 8505 3333

苏州

苏州美罗店
苏州市观前街245号
电话: (0512) 6515 8999

苏州世家店
苏州市邵磨针巷88号

苏州泰华商城
苏州市人民路383号

杭州

杭州大厦
杭州市武林广场1号杭州大厦B楼一层
电话: (0571) 8517 4687

徐州

徐州金地商都百货
徐州市中山北路6号

宁波

金光百货
宁波市中山东路166号106铺
电话: (0574) 8725 3538

宁波天一国际购物中心
宁波市中山东路279号F1-2铺
电话: (0574) 8770 2259

郑州

郑州裕达国贸精品广场万宝龙专卖店
郑州市中原路220号
电话: (0371) 6793 6781

郑州丹尼斯百货
郑州市人民路2号
电话: (0371) 6661 6216

西安
金花
西安市西大街1号钟鼓楼广场金花商场一层
电话: (029) 8763 1938

中大
西安市南大街30号中大国际一层
电话: (029) 8720 3716

美美
西安市南关正街88号长安国际广场美美百货一层
电话: (029) 8765 1556

西安民生名表廊
西安市解放路103号
电话: (029) 8748 1661

武汉
新世界
武汉市汉口建设大道566号一楼
电话: (027) 8579 6547

武汉广场
武汉市解放大道688号
电话: (027) 8548 2066

武汉群光广场
武汉市洪山区珞瑜路6号

成都
仁和总店（人东）
成都市人民东路61号一层
电话: (028) 8665 6549

仁和棕北
成都市友谊路2号威斯顿联邦大厦一层
电话: (028) 8525 1233

美美力诚百货
成都市人民南路二段18号

重庆
大都会
重庆市渝中区邹容路68号大都会广场L142
电话: (023) 6383 6116

新世界
重庆江北区观音桥渝北二村一支路6号英利大厦新世界百货1层
电话: (023) 6770 7025

美美时代百货
重庆市渝中区邹容路100号

石家庄
世贸名品
石家庄市中山东路303号一层
电话: (0311) 8526 1427

北国商场
石家庄市中山东路188号一层
电话: (0311) 8669 3714

太原
天美名店
太原市新建路95号天美名品
电话: (0351) 822 5109

济南
山东贵和购物中心
济南市天坛街一号
电话: (0531) 8098 2681

济南银座商城
济南市泺源大街66号
电话: (0531) 8613 2212

南昌
南昌太平洋
南昌市东湖区中山路177号
电话: (0791) 673 3070

贵阳
贵阳智诚名店
贵阳市延安东路3号
电话: (0851) 682 3122

厦门
厦门免税店
厦门市湖里区兴隆路厦门信达免税商场一层
电话: (0592) 261 1408

巴黎春天
厦门市中山路76-132号巴黎春天百货一楼
电话: (0592) 207 7835

昆明
昆明金龙百货
昆明市白塔路90号
电话: (0871) 311 9080

昆明金格百货
昆明市东风东路9号

南宁
广西南宁梦之岛购物中心
南宁市古城路5号
电话: (0771) 210 9093

温州
温州人民店
温州市人民中路72号
电话: (0577) 8826 6979

温州时代店
温州市时代广场一楼精品区
电话: (0577) 8899 3687

台州
台州亨达利名表城
台州市邮电路238号
电话: (0576) 245 7488

椒江耀达百货
市府大道289号
电话: (0576) 855 3252

福州
福州东方百货
福州市杨桥东路8号

东营
山东东营百货
东营市西四路239号
电话: (0546) 825 1765

临沂
临沂亨得利
临沂市解放路中段71号
电话: (0539) 807 2177

潍坊
山东潍坊世纪泰华
潍坊市东风东街360号
电话: (0536) 830 3333

海口
海南第一百货商场
海口市海秀大道 8 号望海商城
电话: (0898) 6678 7624

长沙
新世界
长沙市五一中路153号新世界百货1F万宝龙专柜
电话: (0731) 292 1191

百联东方
长沙市黄兴中路188号百联东方广场1F万宝龙
电话: (0731) 258 1797

长沙友谊商城
长沙市劳动东路2号
电话: (0731) 554 1306

合肥
瑞景名品中心
安徽省合肥市长江东路1104号
电话: (0551) 556 7118

乌鲁木齐
丹路时尚广场
乌鲁木齐市中山路106号
电话：(0991) 284 2306

MILUS

美力士

始创于1919年的瑞士手表品牌美力士MILUS，素以珠光宝气、优美动人的女装手表享誉国际，却也同时致力于创制典雅高贵、个性尽显的男装手表，两者均能充分表现美力士对手表工艺的创意与热诚，与时俱进，忠于自我。无怪这许多年来美力士获奖无数，2000年更获提名“20世纪瑞士钟表工业中最重要的50个品牌”特别大奖。

美力士近年取得了丰硕的成果，杰出成就之一，是接连推出了Herios系列的3款手表。Herios的名称源自星座中的“武仙座”（Hercules），本是宙斯（Zeus）之子，代表刚强、勇气及力量。率先问世的是Herios Automatics自动上链手表，它保存了系列方形外壳的特点，兼备纤巧弧度，能够紧贴手腕。6时位置设有圆形小秒针示窗，与整体的方形设计形成巧妙对比。阿拉伯数字时标下是炭灰色放射条纹方框，配合表面中央部分与鳄鱼皮表带，带出优美的层次感。

紧接而来的Herios TriRetrograde Seconds三秒针返跳手表，是男装手表中的破格之作，把秒针一分为三，让60秒的计算显示平分在3个扇状秒针区：6时区秒针首先起步，每走20秒后马上飞返，同时由10时区的下一根秒针接力行走，然后是2时区秒针……三根秒针就这样接力跑着，循环不息。表壳尺寸41.7毫米 x 42毫米。表面中央采用半开放式设计，机芯的蓝钢螺丝给借用作表面装饰，实用性与美感兼备。备不锈钢和18K红金选择。

美力士为了庆祝全球首间旗舰店于香港隆重开业，旋又推出了Herios TriRetrograde Seconds的特别限量版：18K白金三秒针返跳手表！其时针、分针、三根秒针和阿拉伯数字小时刻度都用上了红色，衬以乳白色表盘，流露出男装手表罕见的瑰丽。全球限量38枚。

Zetios系列的名称源自“鲸鱼座”（Cetus），是来自仙女座传说的神话。Zetios本是美力士向其经典手表致敬之作，浑圆而和谐的设计，可追溯至品牌于1919年创建年代的作品。Zetios自动上链手表的圆形表壳口径达42毫米，备不锈钢和18K红金选择，正中圆形饰以“巴黎钉头”（Clous de Paris）纹理，6时位置设有小秒针盘，饰以细致的环形花纹，带出3种不同的质感。阿拉伯数字时标，其上涂上夜光物料。12时位置下有白底黑字的日期显示，极富复古气息。纤幼的外框上有时、分刻

Herios TriRetrograde Seconds三秒针返跳手表的独特表面设计

Herios TriRetrograde Seconds - Limited Edition
18K白金，表壳口径41.7毫米 x 42毫米，自动上链机芯，防水深度30米，限量制作38只

Herios Automatic
18K红金或不锈钢，自动上链机芯，防水深度30米

度，使表盘看来更具层次感。

美力士2007年的全新力作，正是于Zetios洋溢着传统典雅气息的外形上，注入现代计时功能所制成的Zetios Chronograph计时手表。45毫米口径的浑圆大表壳，备不锈钢、18K红金或18K白金选择。表盘上，分别于3时、6时、9时位置设有3个分掌时、分、秒计时功能的时圈，并以刻度取代3、6、9三个时标。除了表冠及其两旁浑圆的保护装饰，2颗计时用的按钮也采用一致的浑圆线条，分置表冠上下。

Zetios
18K红金或不锈钢，表壳尺寸42毫米，自动上链机芯，防水深度30米

Zetios Chronograph
18K白金、红金或不锈钢，表壳尺寸45毫米，自动上链计时机芯，防水深度30米

Agenios系列的名称源自星座中的“半人马座”（Centaurus）。酒桶形外壳，线条流畅。自动上链机芯，备18K白金、18K红金、不锈钢或镶钻选择。表壳经光亮及磨砂2种打磨，表面外围刻有精致暗纹，凸显罗马数字与条纹相间的时标。Agenios Haute Joaillerie高级珠宝手表的弧形表壳和表带都以18K白金制造，表盘内外圈、表壳边沿、18K白金链带均镶满钻石和方石，共重12.13克拉，闪烁生辉，加上18K白金折叠扣的完美配衬。

Agenios Automatic
18K红金或不锈钢，自动上链机芯，防水深度30米

Agenios Haute Joaillerie高级珠宝手表
18K白金，表盘、表带镶钻共重12.13克拉，自动上链机芯，防水深度30米，18K白金链带连折叠扣

Apiana女装系列的名称源自星座中的“天燕座”（Apus），亦有“天堂鸟”之意。这款女装手表外形精致，小时刻度尤其悦目，以浮雕标志出如花般美的4个相连阿拉伯数字，与不同颜色的表面背景形成美妙对比。表壳以6个组件构成，均由人手精工装嵌，外形充满动感；部分款式更镶有美钻点缀，连带镶在表冠上的1颗。备18K白金、18K红金及不锈钢选择。

另一女装系列Eridana的名称源自星座中的“波江座”（Eridanus），是神秘时代的一条河流。Eridana Enamel高级珠宝珐琅手表采用考究的上釉术，以深褐色或黑色为主调，配合修长典雅的18K黄金或白金表壳，以及大明火“Grand Feu”高温烧焗珐琅。采用深褐色珐琅的款式，衬以蟒蛇皮表带；采用罕见黑色珐琅的款式，四周镶满白色明亮精工切割美钻，衬以黑色云纹绸表带。天然珍珠贝母表盘位于狭长的表壳中央，在3时、6时、9时和12时位置各有闪亮美钻，另1颗镶在表冠上，有如表壳上123颗美钻的延伸。美钻的镶嵌和珐琅工艺，全由人手精心进行。

Apiana
18K红金，表壳、表盘密镶钻石，石英机芯，防水深度30米

Eridana高级珠宝珐琅手表

18K白金，表壳、表盘、表冠共镶128颗钻石，石英机芯，防水深度30米，黑色云纹绸表带连18K白金针扣

Eridana高级珠宝珐琅手表

18K黄金，表壳、表盘、表冠共镶128颗钻石，石英机芯，防水深度30米，褐色蟒蛇皮表带连18K黄金针扣

资料查询

美力士（远东）有限公司

香港九龙尖沙咀广东道30号新港中心一期10楼01室
电话：(852) 2377 6621
传真：(852) 2317 7000
电邮：fareastinfo@milus.com
网址：www.milus.com

营销网络

北京

北京市朝阳区新源南路甲2号昆仑汇
北京市朝阳区光华路9号世贸天阶

上海

上海市黄陂南路333号企业天地商业中心
上海市浦东新区世纪大道88号金茂时尚生活中心

宁波

宁波市碶闸街197号天一广场

BOVET
1822

播威

播威以非常老资格的品牌魅力，极少数人才能一亲芳泽的珍贵数量，只为少数真正的行家、钟爱钟表艺术的人和懂得奢侈品消费内涵的鉴赏家，提供质量非常优秀且有个性的作品。素以重现古时怀表外形风韵为品牌格调的播威手表，为了追求完美，坚持每只手表的修饰部分，包括珐琅绘画、雕花、宝石镶嵌等工序，都由工匠以人手制作，致令产量维持在每年只有2000只以下，当中超过1/3是按客人的要求度身订做的孤本创作。由于播威的手表以人手制作，就算是同一款手表，也蕴含微妙的差异，做到真正与别不同。尤其是其手表的限量版和特别版，更显弥足珍贵。每一只播威手表平均需要长达几个月甚至1年的时间制作，其珍贵程度可想而知。

对播威有认识的表迷朋友，一定对其招牌的Fleurier表壳耳熟能详。意念源自使播威在19世纪扬名立万的经典怀表款式，有手制圆拱形表面、蛇形指针及12时位置镶有宝石等古怀表的标记。播威更首次在Fleurier系列上加上计时表，而为了保持表壳线条，选用了比一般的两格按键复杂得多的单按钮设计。

Fleurier单按钮计时款式，由与表冠同轴的弧面蓝宝石按钮，负责计时功能的启动、停止及归零。采用10BM01机械机芯，10½法分（约23.45毫米）直径，摆

Fleurier Single-Button Doctor's Chronograph

18K白金或红金，表壳口径39毫米，人手上链10BM01单按钮计时机芯，防水深度30米，备有表壳挂环镶钻款式

Fleurier Self-winding Tourbillon

18K红金，表壳口径42毫米，自动上链13BA02陀飞轮机芯，192小时动力贮存，防水深度30米

频21600次每小时，动力贮存45小时，人手上链及较慢的摆频，原汁原味地重现经典特色。Fleurier造型的表壳以红金或白金制作，直径39毫米，厚10.45毫米，表面配备经典的播威蛇针及医生用脉搏测量器，体现了20世纪20年代早期计时手表的神髓。表冠上的保护挂环镶满钻石。本款式有白面和黑面可以选择，防水深度30米。除了计时表，Fluerier系列还新增加带飞返日历及两地时间显示的万年历表，表壳是较大口径的42毫米，有红金和白金2个版本，前者选用黑色表面，后者则是白色表面，配自动上链的11BA07机芯。

要在表坛扬名立万，当以多年经验自行研发复杂性能组件为指标，如陀飞轮和长动力贮存，都不是一蹴而就的制作。播威另一款新作，就是将上述2个复杂性能融为一体，再加上越来越受欢迎的两地时间功能，更令播威在复杂机械表领域中独占鳌头。除了糅合了多种复杂功能外，此表更以前无古人的22天动力贮存，在瑞士表展独

Fieurier Retrograde GMT Perpetual Calendar

18K红金或白金，表壳口径42毫米，自动上链11BA07万年历飞返GMT机芯，55小时动力贮存，防水深度30米

Fleurier Self-winding Tourbillon with Engraved Dial
18K白金，表壳口径42毫米，表壳、表面外圈及表冠镶钻，人手雕刻表面，自动上链13BA02陀飞轮机芯，192小时动力贮存，防水深度30米

领风骚，成为各大媒体争相报道的焦点。这款陀飞轮表配备16MB01人手上链机芯，16¼法分（约36.29毫米）大口径，双发条鼓确保超长的动力贮存，摆频21600次每小时，共368件组件。飞返日期指示，两地时间功能可通过表侧拨键调整。表背有动力贮存显示及异常美丽的浮凸式手工雕刻弗鲁里亚花纹装饰，跟很多品牌的“画线”级别雕刻不同，播威的雕刻不但优雅，而且刀法轻巧纯熟，深度有加，气派十足。

2005年版本的陀飞轮8日链自动表，以陀飞轮旋转框架上的实金B字装饰，以及展露在表面上的立体蔓卉图案雕刻陀飞轮基板为人所熟悉。以此为基础，播威加入了更豪华的新创作。当中一款以18K白金造壳，外圈和表耳

Fleurier 22-Day Tourbillon

铂金或18K白金，表壳口径44毫米，自动上链16BM01陀飞轮飞返GMT机芯，22天动力贮存，防水深度30米

Edouard Bovet Convertible Minute - Repeater with Tourbillon and Reversed Hand Fitting
18K红金，表壳口径44毫米，人手上链12BM06三问陀飞轮机芯，52小时动力贮存，防水深度30米，18K红金表链

镶嵌了67颗长形切割的钻石，重7.02克拉。表面内圈镶嵌88颗钻石，重0.3克拉。表冠部分镶嵌5颗椭圆切割的钻石，重0.48克拉。人手雕刻的立体蔓卉图案，布满整块表面，轻易地成为视觉焦点。这种称之为Fluerisanne Engraving弗鲁里亚花纹装饰，是播威的独门秘技。陀飞轮旋转框架上保留品牌的实金B字装饰，左侧有动力贮存显示，配蛇形小时及分钟指针。这款表采用13BA02自动上链1分钟浮动陀飞轮机芯，11½法分（约25.68毫米），摆频21600次/小时，表壳42毫米直径，厚度13.95毫米，防水深度30米。另一款同样配整块弗鲁里亚雕刻表面的改以红金造壳，表壳外圈以镜面抛光处理，边缘同样有弗鲁里亚花纹雕刻，陀飞轮上改配品牌的12瓣莲花图案。

适合女士们佩戴的34毫米小号Fleurier，钻石的“8”字，成为深受华人消费者欢迎的幸运标记。今

Fleurier Diamond 8

18K红金，表壳口径34毫米，表壳及表面镶钻，自动上链Edouard Bovet 12BA03机芯，防水深度30米，珍珠链带

Sportster Chronograph with Art Deco Dial
18K红金，表壳口径44毫米，自动上链13BA01计时机芯，防水深度100米，限量100只

年，此表的红金镶钻型号选用上珠贝表面及珍珠链带，华贵夺目。

另一个杰出的Fleurier新款式，是包含了陀飞轮、三问和雕花修饰机芯的复杂形式怀表。这只以创办人名字Edouard Bovet命名的怀表配备了编号 12BM06型人手上链陀飞轮三问机芯。开放式的表面，缀以弗鲁里亚花纹的机芯桥板与陀飞轮及三问装置的打锤让人一览无遗。机芯直径12¼法分（约27.36毫米），摆频18000次每小时，宝玑式上绕游丝，动力贮存52小时。红金制作的44毫米表壳防水深度30米。有趣的是，表壳后盖可以翻开起到支架的作用，把这只怀表变成一个小型的桌钟。据说，此表是总裁Pascal Raffy先生为他的朋友设计的，让他们在等候太太化妆的时候把玩！

播威表的另一经典Sportster运动表，以较为刚直的表冠保护环及钢骨镂空式指针，带出充满动感的气质。新的44毫米口径计时表，以Art Deco风格的表面设计，追溯品牌在怀表时代的经典设计。红金的表壳配黑色表面，有令人晕眩的视觉效果。播威著名的蛇形计时秒针，以及双位大日历视窗，皆相容流行性和实用性。计时功能的30分钟和12小时显示由9时及3时位置的2个小针盘负责。装配28颗宝石的自动上链13BA01机芯，13½法分（约30.15毫米），摆频28800次/小时，具45小时动力贮存装置。表底以螺丝拴紧，防水深度可达100米，限量100枚。同样配13BA01机芯的Sportster新作，还有可潜入1000米深海的Saguaro三盘计时表，以46毫米的大口径表壳，凸显豪迈本色。

资料查询

播威(大中华)有限公司

香港中环港景街1号国际金融中心1期2716室
电话:(852) 8107 1822
传真:(852) 2810 1097
网址: www.bovet.com

营销网络

北京
燕莎友谊商城
北京市朝阳区亮马桥路52号
电话: (010) 6465 1843 / 6464 1188

沈阳
沈阳大公名表中心
沈阳市和平区中山路65号
电话: (024) 3187 1818

Sportster Chronograph Saguaro
18K红金，表壳口径46毫米，自动上链13BA01计时机芯，天文台认证，防水深度1000米

劳力士

每年的巴塞尔大展，无论是商家、媒体还是消费者都无比关注劳力士这个牌子。这个即使在瑞士制表界也如执牛耳的品牌，以其庞大、专业和令人仰慕的商业成绩被世人瞩目。在劳力士设于日内瓦和比恩的厂房中，有超过5000名员工在工作。5000人里面，负责研究开发的超过200人，研讨劳力士手表生产程式的有230人。他们普遍受过大专教育，其中毕业于著名高等专业院校的有160人，毕业于联邦理工学院的有110人，还有24个物理学博士。他们有物理、机械、微机科技、材料科学、化学、信息科技以及电子方面的专长。就是这样的高科技队伍，使劳力士在表坛的领导性地位历久不衰。

Oyster Perpetual Day-Date 118348的镶钻外圈与珐琅及镶钻表面

Oyster Perpetual Day-Date 118348

18K黄金，外圈及表面密镶钻石，绿色珐琅表面中央及阿拉伯数字时标，元首型链带

Oyster Perpetual GMT-Master II 116713 LN

18K黄金及钢款式，陶瓷旋转外圈配黄金阿拉伯数字，黑色表面，绿色24小时箭头指针

劳力士不同于很多瑞士表的运作风格，它不但稳健，而且低调。但在鱼龙混杂的林林总总品牌中，它却以高品质吸引消费者，从来不屑于哗众取宠。在一个一个梦幻气球破灭之后，人们知道空中楼阁的神话难以成为真实，只有像劳力士那样固守传统的厂家，才能做出值得流传后世的好表。如果留意国际拍卖，就会发觉劳力士的古董表价格已经有惊人的增长。2000年之后的新作，在轮廓造型上叫人刮目相看，也令爱表的人竞相追捧。据透露，2005年劳力士的高销售成绩破了有史以来的纪录。

无可辩驳的，Day-Date从一出世，就成为ROLEX最高级的旗舰系列。1956年Rolex在巴塞尔展上发布他们的新型号：Day-Date，当年的编号为 6511。这种表在12时处用条形视窗显示星期并且连同在3时位置显示日期，这个型号让Rolex重新在市场上找到了一个新的位置。当年的这个系列搭配自动机芯，非常实用的日历和星期显示，以及旋入式表背，通过适当的宣传，很快这个型号的表就成为了Rolex系列中最流行也是最独一无二的款式了。去年原来是Day-Date面世的50周年，劳力士自然有特别创作庆祝金禧。它采用了新世纪的浑厚造型，配元首型President链带（1956年的第一批Day-Date也是配备了President链带）。50周年的版本采用黄金的外壳，上有密镶钻石的外圈。它的表面华贵夺目，设计主题是劳力士公司色泽的绿。表面中央是劳力士绿的珐琅，外缘有排列有序的5圈美钻，绿色珐琅的阿拉伯数字小时标记就在这钻石宽缘内。它的实物比图片美观十倍，将现代的所谓流行彻底地比下去了。此表定价不到30000欧元，算起来已经相当合理。

虽然恪守瑞士传统，劳力士在机械创新方面依然不甘后人。今年推出了间金版本新款的GMT-Master II - REF.116713。它的内部，就装置了全新的Cal 3186机芯。全新面世的3186机芯，在中央时针传动轮系方面特别对症下药作出改良。在单独调节时针时，它的时分两针不像旧机芯那样同时抖动，只有时针精密准确并且顺畅无比地跳到下一个既定位置。调校它的本地时针，有舒服畅快的感觉，它能分毫不差地跳到位，不用留意分针的配合，我对此留下了很深印象。此机芯另一个外表看不见的好处，乃装置了优秀的Parachrom Bleu游丝。劳力士、百达翡丽及Swatch集团合资创立CSEM瑞士电子和

蓝得美丽的Parachrom Bleu游丝

Oyster Perpetual GMT-Master II 116758 SANR
18K黄金，表壳及旋转外圈镶有钻石及黑色宝石，黑色表面，金色24小时箭头指针，实心蚝式链带中间镶钻

微机科技中心，开发新的制表物料例如硅的擒纵部件。我们看到，这两年硅部件已陆续用在几个品牌上，连游丝也用这种材料制成了。不过，在研究硅部件的同时，劳力士并没有放弃自己的革命性游丝发明，并且不动声色地将之用在Daytona的Cal 4130上。据劳力士内部主管研究开发的相关人士指出，“劳力士用铌锆合金制成的Parachrom游丝，现在看来表现比我们在CSEM计划里开发的那款好”。Parachrom合金以铌为最主要成分，再加上锆与少量其他不公布的金属，在2000年1月12日得到专利注册，专利编号706279。在现有的金属游丝中，它是

Oyster Perpetual GMT-Master II 116758 SARU
18K黄金，表壳及旋转外圈镶有钻石、蓝宝石及红宝石，黑色表面，金色24小时箭头指针

唯一的无铁材料，对磁场完全没有反应。同时，温度变化对它也全无影响，它的摆动频率不会因为冷或热而变快变慢。所以，在Daytona的试验中证明，假如谦虚些不说它是现时世上最好的话，Parachrom的性能在机械手表上也是出色出众的。

全新GMT-Master II使用的Cal 3186，采用新的Parachrom Bleu游丝，很容易作出识别。Parachrom Bleu的色泽呈现闪亮的深蓝色。原因是铌在与空气接触之后，慢慢会氧化，变成蓝色。它分布均匀，自然地构成了一层保护膜，也令游丝更美丽，让人欣喜地想起当年美丽而古老的蓝钢游丝的魅力。当然，有心人或会醒悟到，劳力士自此已经有了完全属于自己的游丝，成为瑞士唯一的从A到Z全程自己出产每个机芯零件的表厂。

Oyster Perpetual Datejust, 36mm 116200
不锈钢，表壳口径36毫米，蓝色纪念型表面，罗马数字时标，实心纪念型链带连隐蔽式折叠扣

由于改良了时针跳动装置，Cal 3186自动机芯从3185的6.4毫米稍微加厚到6.8毫米。因应此改变，GMT-Master II的外壳也作出全面修改。除了加厚以达到更雄伟的气派之外，它的表冠护肩是更昂藏的新造型，而表冠也是特大的。与此同时，整个系列都换上了新的保险扣以

Oyster Perpetual GMT - Master II 116758 SA
18K黄金，表壳及旋转外圈镶有钻石及蓝宝石，密镶钻石表面

及快速延长链带。这个系列里最多人注意的型号，是金钢的Yellow Rolesor。它的24小时旋转外圈黑色的高科技陶瓷，内嵌黄金数字时标。表面的内固定框，有劳力士商标与流水编号的秘署。第二时区时针为绿色，黑表面上也有绿色的GMT-Master II字眼，使整体的凝聚性更强。它配上蚝式金钢链带，卓具雄刚魅力。

同出一脉的3款黄金珠宝表116758，全金新版本116718的基础上增加了豪华的钻石和宝石镶嵌构成的。这更能令人体会劳力士能吸引所有不同族群的原因。劳力士的珠宝表，在运动风格中有华贵气质，在落落大方中见精雕细琢，即使所谓珠宝名店看了也只能目瞪口呆。

使用蓝宝石、红宝石与钻石镶嵌的型号，以名贵的宝石重现了基本款GMT-Master的色泽组成。旋转外圈的上半部，有双条钻石的小时记号，衬以方形的蓝宝石；它的12时正上方位置，有一颗特别切割的三角形美钻；外圈下半部的夜间部分，同样有双条钻时标，衬有殷红的红宝石。此外，它的表耳和表冠护肩上也密镶不同大小的圆钻，使整体益发突出。

相对地，更是威严肃穆的型号，采用了黑锆石。亮丽漆黑的这种稍带透明的宝石，被切成方形或三角形，嵌在旋转外圈上成为小时刻度。每2颗黑晶石之间，迫镶3颗公主式切割的方形钻石。同时，除了表耳与表冠护肩的密镶钻石，它的蚝式链带的每格中央链节也各自镶有49颗细钻，使宝石的光线折射完美地围绕在手腕上。

最后一款，是钻石与蓝宝石的组合。旋转外圈的上部，有双条钻与三角切割钻石的时标，衬上方形的蓝宝石；下半部分反其道而行之，两条长方切割的蓝宝石并列为时标，衬托公主式切割的方形钻石。这几款珠宝表的共同特色是密镶钻石的表耳和表冠护肩，而唯有本型号用了密镶钻石表面。

Oyster Perpetual Datejust, 31mm 178240
不锈钢，表壳口径31毫米，粉红色表面，实心蚝式链带

镶钻表圈及陨石表面的Oyster Perpetual Day-Date

Datejust是最实用的日常配品，以其优良的性价比被市场认可。几年前，ROLEX开始推行全新的表耳和表带设计时，就有人赞叹这种风格的华丽和档次。ROLEX的步伐是逐年从高向低改进款式。今年这个改款推行到了旧型号16200和78240身上。它们使用了新口味的拱圆光身外圈，加强了整体和谐感。36毫米的不锈钢型号116200，配人们称之为“电脑面”的深蓝色立体浮雕纪念型表面，上有罗马数字小时标记，可配蚝式链带或新款隐蔽折叠扣纪念型不锈钢链带；也有其他多种面盘可供选择。另一款31毫米中装尺寸的不锈钢型号178240，则以铜红色表面构成了色泽与光线的对比。它的表面上的小时刻度进化为大面积的白金框，内嵌夜光物料。全抛光的表壳，配合磨光与磨砂对应的链带，形成了强烈的三维立体感。它同样可配蚝式链带或新款隐蔽折叠扣纪念型不锈钢链带。这两个结合了所有时尚观念但保持了品牌个性的款式的面世，将令销售气势如虹的Datejust系列如虎添翼。

Oyster Perpetual Datejust

资料查询

Rolex Service Centre

香港中环康乐广场1号怡和大厦14楼
电话: (852) 2249 8888
传真: (852) 2810 6964
网址: www.rolex.com

国内维修服务中心

北京
北京市东长安大街东方广场E1座8楼
电话: (010) 8518 8608

上海
上海市淮海中路222号力宝广场15楼
电话: (021) 5396 6993

表壳及表面镶钻的Oyster Perpetual Daytona

OMEGA

欧米茄

这一两年，具备研发能力的手表厂家，都把脑筋转到擒纵系统上，企图在这个机械机芯内其中一个最古老的组成部分一战功成。吹皱一池春水者，正是欧米茄的co-axial同轴擒纵系统。

已经有200多年历史的马式擒纵又叫分离式擒纵，因为摆轮是与整个擒纵结构分开的，这有1个缺点：由于马仔是与擒纵轮的前进方向成90度角的，在运行中便无可避免地产生摩擦力和阻力，影响精确及耐用度。

欧米茄与钟表大师佐治．丹尼尔合作制成的同轴擒纵装置，是以三叉式的马仔驱动1个与擒纵轮同轴的棘轮，令马仔与擒纵轮朝1个方向前进。这样的设计，能有效地降低擒纵装置的阻力及摩擦，令它无需刻意上油，便可达至稳定的计时速率。

1999年，欧米茄推出配备了同轴擒纵的Cal 2500自

De Ville Hour Vision

不锈钢，表壳口径41毫米，自动上链8500同轴机芯，防水深度100米，天文台认证

De Ville Hour Vision
18K红金，表壳口径41毫米，自动上链8501同轴机芯，防水深度100米，天文台认证

De Ville Co-axial Rattrapante Chronometer - Platinum Ice
铂金，表壳口径41毫米，自动上链3612同轴计时机芯，外圈镶嵌共重4.8克拉的24颗美钻，防水深度100米

动机芯，装置在限量版的碟飞（De Ville）18K金手表上，碟飞一跃而成为展示新技术新思维的平台，叫人刮目相看。此后，同轴擒纵机芯不断加添新功能，如计时、大日历、追针计时等，都是率先甚至独家应用在碟飞系列上，赋予它不同的面貌。

在欧米茄全新的碟飞Hour Vision系列里装置的机芯，正是同轴擒纵设计。Hour Vision有2个主要款式，装置8501机芯的为18K红金表壳，装置8500机芯的是不锈钢表壳。链带乃新设计，使用螺丝及条栓装卸，加长减短异常方便。通过表冠，时针可以独立调校，对频繁旅行人士来说尤其方便。特别一提的是它的表壳边缘，装置了4片弧形宝石晶片玻璃，可以360度欣赏机芯的立体层次，即使是表带位置也刻意留出观看空间。表壳口径41毫米，厚度12.2毫米，有100米的防水能力以及5000克的撞击承受能力。

机芯心脏的无快慢针游丝，末端做90度扭转，水平状态装置在游丝钉上，这个新装置已经得到专利。此机芯的振频为3.5赫兹，即25200摆/小时，准确度轻易得到COSC的天文台表认证。8500与8501机芯的最大分别在于后者使用了贵金属。在8501上，自动摆陀以及横桥式摆轮上夹板均以18K红金制成；8500的处理比较低调，它的自动摆陀边缘镶上了钨合金环条，提高了摆动时的离心力。

De Ville Co-axial Chronoscope in Palladium

钯金，表壳口径41毫米，自动上链3313同轴星柱轮计时机芯，防水深度100米，限量制作99只

De Ville Co-axial Chronoscope for Ladies

18K白金，表壳口径35毫米，表圈镶有共重1.61克拉的42颗钻石，自动上链3313同轴星柱轮计时机芯，防水深度100米

碟飞的同轴追针计时表，代表了欧米茄计时表最巅峰的成就。2个以蓝钢制成的星柱轮，确保追针计时装置的启动、停止和归零都能做到分毫不差，加上同轴擒纵，令它在技术上无可匹敌。2006年，欧米茄更在著名的碟飞“冰心”铂金同轴追针计时天文台表上增添了一个特别的珠宝版本。双色珠贝表面，外圈镶满长条钻石，共重4.8克拉，41毫米口径。它的外壳以950铂金制作而成，表面乃贴在18K白金片上的珠贝。同轴追针计时表的新作另备18K红金款式，有2种不同表面以供选择。

Chronoscope采用Cal 3313同轴星柱轮计时机芯，是碟飞同轴计时表系列的最新成员。此表有黄金、红金及不锈钢多个款式，配不同的表壳打磨及表面颜色组合。它的表面非常独特，传统计时表的辅助针盘被扩展加大，彼此重叠在一起。三连冠式日历窗非比寻常地设在11时位置，既易于观看，也可一眼便看到昨天、今天和明天的日期。另有只制作了99枚的950钯金版本；不论在硬度、金属的延展性与光泽度上，950钯金都足以与铂金相提并论。

这款高水平的同轴计时表并设女装版本，同样配上昂贵的星柱轮机芯。全新的碟飞女装计时表用上18K白

Seamaster Planet Ocean “Casino Royale”是007系列的新作

X2 Big Date in Pink Gold and Black Dial
18K红金，表壳口径35 x 35毫米，自动上链2610同轴机芯，防水深度50米，天文台认证，鳄鱼皮表带连18K红金折叠扣

金表壳，35毫米口径，表圈镶嵌42颗圆钻，共重1.61克拉。珠贝表面上，12时欧米茄商标下换上了新的碟飞标记。

两年前面世的碟飞拜占庭系列，既融合了东西方文化于一身，也表现了精湛工艺和典雅时尚的结合。新款的“星光雪影”碟飞同轴X2大日历表，将这多种元素共冶一炉的风格发挥得淋漓尽致。这款为女士设计的表，命名为X2，大日历窗上罗马数字和阿拉伯数字的大胆组合，为它的命名作了完整解释。它是18K白金的天文台表，珠贝表面上以38颗（共0.05克拉）碎钻组成的12数

Seamaster NZL-32 帆船赛计时表

Seamaster Planet Ocean计时表也是采用同轴擒纵机芯

Speedmaster Rattrapante同轴擒纵不锈钢自动表

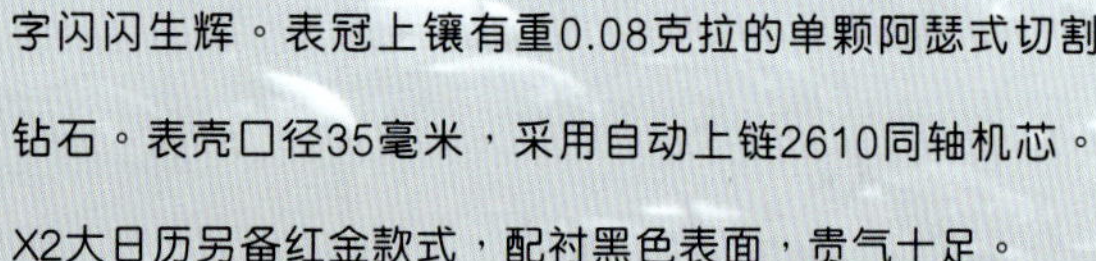

字闪闪生辉。表冠上镶有重0.08克拉的单颗阿瑟式切割钻石。表壳口径35毫米，采用自动上链2610同轴机芯。X2大日历另备红金款式，配衬黑色表面，贵气十足。

欧米茄的其他系列同样不断推陈出新。Seamaster海马007系列一向是英国特务占士邦的爱表，最新作品是Planet Ocean限量版手表。它承袭了海马系列300米潜水表的表圈设计，而锋芒毕露的运动气息也让这款手表生色不少。备单向旋转表圈，还配备防水旋入式表冠、旋入式底盖，以及排氦气阀门。防水深度达600米，备有48小时动力贮存。秒针的另一端依然有007数字形的白朗宁小手枪，正是占士邦的特务代号和随身武器。

海马系列另有Seamaster NZL-32帆船赛计时表，备倒数计时功能。第二代的海马Planet Ocean计时表采用同轴擒纵机芯，防水深度达600米，技术规格双倍优于专业潜水表要求的标准深度。

速霸Speedmaster Rattrapante同轴擒纵不锈钢自动表，特别具备双秒针分段计时功能；圆形计时按钮，焕发出20世纪50年代原型作品的神采。为纪念阿波罗太空任务的35周年而制作的速霸Speedmaster Apollo 15限量表，仅会制作1971枚，正是该项传奇太空任务的执行年份；表背刻有任务名称和限量编号，中央还有任务徽章和执行任务的太空人的名字。

女装方面，还有Constellation星座系列的最新之作Quadrella Mini，特征是大小有异的四方位印刷数字。有18K金以及不锈钢间金的不同型号。

为了庆祝欧米茄进入中国111周年，星座系列还增添了精细雅致的新型号Iris Mini。表壳口径22.5毫米，白珠贝表面，其上有一圈彩色宝石。外圈镶上30颗光芒四射的美钻，上面的4个“爪”，突出了真正的星座个性。限量生产1895枚，数字正是欧米茄在中国开始建基之年。

Constellation Iris Mini
18K黄金、红金、不锈钢、金间款式，表壳口径22.5毫米，石英机芯，防水深度30米，限量制作1895只

Speedmaster Apollo 15 限量制作1971只

Constellation Quadrella Mini
18K黄金、红金、不锈钢、金间款式，表壳尺寸25.3毫米 x 19.3毫米，石英机芯，防水深度30米

资料查询

网址：www.omegawatches.com

欧米茄旗舰店

上海
上海市南京西路新世界城
电话：(021) 6372 6178

广州
广州市中国大酒店118铺
电话：(020) 8626 0728

PATEK PHILIPPE
GENEVE
百達翡麗

百达翡丽

2006年12月，百达翡丽的“价值的承传——手表家族企业的理念”专题展览在上海外滩18号创意中心开幕。品牌候任掌门人Thierry Stern亲临展会，见证了大中华表迷对百达翡丽的浓厚兴趣。这个盛大的展览，将是百达翡丽在大陆扎根的最重要里程碑。

三个特别为中国市场制造的光能球顶钟，在展前由大师手制完成，它们各有各的不同韵味。据说，每个钟的珐琅嵌板上要使用40~60种用钴（它烧出重要的蓝）、铜、镁、镍、金、银、铬等矿石粉混成的釉料，并以从850摄氏度至1100摄氏度的多个不同煅烧阶段烧结。珐琅大师会控制不同釉料的融合渗透，产生晕染和渐变效果。这样的处理，正好用作表现神州河山的恢然大气。

要欣赏掐丝珐琅的精致，“外滩”有上佳的表达力。不同风格的西式建筑屹立在黄浦江边，将它们完整呈现，要使用大量的金丝作精心编布。如果说，此钟用了球顶钟面世以来的最多金丝，相信亦非讹语。第二件是表现长城黄昏景色的“落霞”。它的创作工艺当然还是掐丝珐琅为主，但很明显地它还以多次煅烧等技术达到类似中国水墨画的效果。倘若说创作“外滩”花心思，创作“落霞”便需艺高人胆大。因为，它的制作并不仅仅地依靠金丝轮廓的间隔，反而在釉料本身的流动与凝结中达致预想构图，偶一不慎便全盘皆落索！画面上笼罩在暮色里的长城默默无言，展示出几千年的沧桑，上空中则是群燕飞过，带着喜庆和欢欣。相比于“落霞”，另一个“长城”的设计表现了风清日朗下的景色。朋友们不难发现，这就是著名的八达岭一段。长城巍峨，青山葱绿，蓝天亦清如水，令人的心情也自然地松弛起来。这是很有写实效果的作品，百达翡丽的珐琅师，已经脱离了原本的局限，找出了创作的新方向。

1976年，百达翡丽推出轰动了表坛的Nautilus手表。当时，它被人们称之为“世界上最贵的不锈钢表之一”，以“无论穿潜水衣或礼服都同样适合”而大受欢迎。从1976年Ref 3700/1到去年的Ref 3712/1，Nautilus都广受欢迎。而人们昵称为Jumbo的3700/1，在1990年停产后更成了价值与日俱增的经典收藏品。在正值Nautilus的30整寿的时候，百达翡丽趁势推出了一系列新作品，Nautilus的大口径型号改用更方便的三件式透明底外壳。同时，这个系列首次有红金型号的加入，也新添

了从未有过的皮带版本。最令人雀跃的是，这个系列有了全新设计的不锈钢计时表。

Nautilus君临运动表坛30年，建立了固有的形象，Nautilus的新款式自然叫人瞩目。基本型号不锈钢5711/1，外壳增加到43毫米，比“Jumbo”3700/1还要大1毫米，它采用横条纹中央渐变蓝黑表面，上有大三针和日历。此表内装Cal 315 SC自动机芯，配不锈钢链带。

Ref 3712/1一表难求，新的5712/1或能一解相思之苦。它的不锈钢外壳也增加至43毫米，保留动力贮存指示和日历月相功能，在横条纹蓝黑渐变表面上甚具魅力。它装置Cal 240超薄自动机芯，配不锈钢链带。

5712的华贵版本，是白金的5712G和红金的5712R。前者是横条炭灰色表面，后者是横条巧克力色渐变表面。这两款表，都配以人手缝线大方格短吻鳄皮表

外滩

光能球顶钟

落霞
光能球顶钟

长城
光能球顶钟

带，装置同表壳物料折叠扣。

38.4毫米口径的Ref. 5800/1，当是对Nautilus原型的赞颂。新款里唯有它继续采用两件头式封密外壳。它使用Cal 330 SC自动日历机芯，配不锈钢链带。

新系列的顶级之作是计时表Ref 5980/1。它装置自厂开发生产的Cal CH 28-520C计时自动机芯，并可作飞返启动操作。此机芯具备现时百达翡丽最尖端的性能，有新机芯、新摆陀和高摆速。它是世上唯一的单针盘“净”计时表，在造型上先声夺人。而且，它是44毫米的最大口径，使用不锈钢外壳链带。

Nautilus系列之外，百达翡丽的其他新作同样出色。年历计时自动表5960在去年2月的日内瓦发布会上已看过，近日陆续上市。它的年历功能，加有动力贮存指示，采用与5135相同的窗户指示方式。星期、月份和日期，呈半弧线设于表面的上方。这样的排列，无疑是最干净利落的。百达翡丽使用这种年历指示，目的是烘托自己开发的全新计时指示的出场。一如以往，计时秒针设在中央，与时间指示的时分针同轴。它的计时记录针盘并不像

Nautilus Ref 5711/1

不锈钢，表壳口径43毫米 x 38毫米，自动上链Cal 315 SC机芯，日内瓦印记，防水深度120米

普通计时表那样设于左右两旁，而是设在下方的6时位置上。这个针盘上，蓝色小时累计指针和红色分钟累计指针在同一轴上，以截然不同的方式显示计时结果。为方便观看，它的计时分针走1圈是30分钟，2圈便是1小时，针盘外缘的两排刻度分别是前后半个小时的数字。特大计时针盘内还有1个不易察觉的小圆窗，以颜色指示时间的日夜，圆窗白色时是白天，蓝色时则是晚上。此表是铂金的表壳，口径40.5毫米。以整体造型，例如外壳线条及表面颜色看，它带着百达翡丽少有的年轻活力和时尚味道。

3940是百达翡丽万年历手表的第四代经典代表作。经过20年的时间，它应该像前3代主将1526、2497和3448那样走进历史，成为凌烟阁上供人膜拜的功臣。取代（或是说改良，类似3448到3450的演变）3940的万年历自动表，今年正式面世，那就是Ref 5140。新的5140，采用与3940相同的Cal 240基础机芯，口径加大1.2毫米成为37.2毫米。新表在视觉上显得更为纤薄，更完美地切合了当年3940的设计主题。而与此同时，因为口径的加大，表面上的万年历针盘数字也加大加粗了，看起来更清楚。今年，此万年历新款只有白金的5140G。同时，原本的圆灯笼形克拉卓伐十字星商标折扣改为比较含蓄低调的外观模式，也是我自己欣赏的。

5250年历自动表，以硅的擒纵轮打响了钟表业以硅做擒纵部件物料的第一炮。今年，百达翡丽推出

Nautilus Ref 5712R

18K红金，表壳口径43毫米 x 38毫米，自动上链Cal 240 PS IRM C LU机芯，日内瓦印记，防水深度60米，鳄鱼皮表带连18K红金折叠扣

Nautilus Ref 5980的单一计时盘，上有分钟和小时的累计纪录

Nautilus Ref 5980/1

不锈钢，表壳口径44毫米 x 38.5毫米，自动上链Cal CH 28-520C计时机芯，日内瓦印记，防水深度120米

用Silinvar专利单晶硅制造的游丝，并且把它装在新的5350之上。这款“百达翡丽尖端科技研究所”的第二号作品，表面上除了外壳改成红金之外无大改变，实际上技师们付出的努力不足为外人道。一直困扰制表师的游丝非同心型，由末端加厚的“百达翡丽弧曲尾端”解决了。它在后面把关，将游丝扩张产生的变形彻底控制，同心效果比上绕的宝玑式游丝还要好。不仅如此，就因为Silinvar可以做成任何形状，使百达翡丽得以把游丝的整体设计作全面的颠覆，达到前所未有的表现。它的中央，是一体化的自成中心摆轮轴心座；它的最末端，是同体游丝钉。那等于说，它的中央及末端均废除了锁定部件，不

Annual Calendar Ref 5350

18K红金，表壳口径39毫米，自动上链324 S IRM QA LU年历机芯，擒纵齿轮以硅材料制造，日内瓦印记，防水深度25米，人手缝制鳄鱼皮表带连18K红金折叠扣，限量制作300只

Ref 5350表背印有Patek Philippe Advanced Research字样

会在运行中产生任何的移位与变形，达到完美的运行效果。高科技与优良设计的配合，使Spiromax游丝举世瞩目。它通过随机测试，达到NIHS标准。为了彰显这一成果，红金5350内的Cal 324机芯使用了形状独特的摆轮上夹板，以观看大部分的游丝活动。里面的齿轮组也进行了特别打磨，使深灰硅擒纵轮的紫蓝磷光更显魅幻动人。与5250一样，5350的宝石玻璃表背也刻上“百达翡丽尖端科技研究所”字样，擒纵轮位置设放大镜。另外，此表的21K金自动摆陀装置锆质滚珠轴承，与硅擒纵轮一样无须上油润滑，切合“尖端科技”的设计宗旨。5350年历自

Nautilus Ref 5800/1

不锈钢，表壳口径38.4毫米 x 33.2毫米，自动上链Cal 330 SC日历机芯，日内瓦印记，防水深度120米

Annual Calendar Chronograph Ref 5960P

铂金，表壳口径40.5毫米，自动上链CH 28-520 IRM QA 24H年历计时机芯，日内瓦印记，防水深度25米，人手缝制鳄鱼皮表带连铂金折叠扣

Perpetual Calendar Ref 5140

18K白金，表壳口径37.2毫米，自动上链240 Q万年历机芯，日内瓦印记，防水深度25米，人手缝制鳄鱼皮表带连18K白金折叠扣

Annual Calendar Ref 5396

18K红金，表壳口径38毫米，自动上链324 S QA LU 24H年历机芯，日内瓦印记，防水深度25米，人手缝制鳄鱼皮表带连18K红金折叠扣

动表，只做300枚。

1996年，百达翡丽的年历自动表面世，给表坛带来了新气象。10年过去，百达翡丽的年历表系列不断改良，在设计上现在已进入挥洒自如的随心所欲境界。最新的5396R，不单在外观上使用了自5296G开始的38毫米外壳与多轨表面设计，而且有全新的功能指示布局。它酷似鉴赏家们钟爱的3448万年历自动表，星期与月份横窗设在12时位置的下方，而月相及24小时针盘的处理令人产生那就是3448日历月相针盘的错觉。视线顺势移动，可看到6时位置的日历窗，它可比3448易于读出了。为切合设计本身的怀旧特色，它的品牌商标也用了在高复杂表款上方使用的“Patek Philippe Geneve”字样。此表装置28800摆的大摆陀新款机芯Cal 324，对收藏者来说有更

Gondolo Calendario Ref 5135
铂金或18K红金，表壳尺寸51毫米 x 38毫米，自动上链324 S QA LU 24H年历机芯，日内瓦印记，防水深度25米

World Time Ref 5130
18K红金或白金，表壳口径39.5毫米，自动上链240 HU机芯，日内瓦印记，防水深度25米，人手缝制鳄鱼皮表带连18K金折叠扣

大的吸引力。目前，5396只有红金的版本。

最早使用324机芯的5135，今年增加了2种新金属。此表命名为Gondolo Calendario，顾名思义知道是非圆形的表壳。它乃较胖的酒桶形，口径为相当大的51毫米 x 38毫米，星期、日历及月份的3个窗呈弧线排在上方，有将视线焦点上移的特色。在手上，它显然相当舒适，并非想象中的笨拙，可见设计上有匠心独运之处。今年的新款中，有欠了它就觉遗憾的红金5135R，还有尊贵的铂金版5135P。后者的表面比白金版的灰更深，表面还有一道颇宽的分钟圆轨，配合6时位置的小钻石，皇者气派便油然而生了。

当年5110世界时间表面世，我就说过它的使用方便程度是天下第一的。年初5110宣布停产，市场上刮起

Calatrava Ref 5119
18K红金、白金或黄金，表壳口径36毫米，人手上链215 PS机芯，日内瓦印记，防水深度25米，鳄鱼皮表带连18K金表扣

搜刮风。当然我们知道，这一代机械佳作是不会秋扇见捐的。果不其然，新款5130出来了。它继续用Cal 240 HU自动机芯，那等于说内部结构保持设计的优点，而在外形上作出顺应时代的改变。新的外壳，加大到39.5毫米，令原本实在有些小的城市名字得以扩张，看起来更清楚。中央的时间指示部分，有了粗条的放射图纹，与5110的典雅细格相比是截然不同的时尚新颖。同时，5130的时针改用了现在身价数百万港元起的1415的大圆环指针，令主体更为醒目。此表有白金与红金的2个版本，前者配蓝色鳄鱼皮表带，后者配咖啡色鳄鱼皮表带，装置新款同金属折叠扣。

1932年面世的Calatrava手表，是百达翡丽最重要的经典创作，纵使是简单的圆，那线条轮廓方面的完美已是不朽的永恒。1985年面世的3919，是近年Calatrava系列中最脍炙人口之作。许多人将它列为百达翡丽的入门必备品，因此它有极高的可辨识度。最著名的设计细节，在于刻有细格的外圈，那就是所谓“巴黎钉头”图案。朋友们或许联想到，古老的铁钉钉头上多数带有相类图案的处理。经过20多年，“同年同月同日生”的3919和3940两大巨作再度携手走进历史，而取代前者的是5119。在外观上，它从3919的33.5毫米加大到36毫米，并以抛光的表耳及拉丝的侧缘加强了立体感。它的表壳，同时改为防水性能更强的“三件头”形式。原本的3919，机芯要从前面取出，保养时颇为不便。新的处理，是把嵌有宝石晶体玻璃的表背以6颗螺丝固定，不但拆卸容易，用者也可以借此欣赏打有日内瓦印记的Cal 215PS人手上链机芯。此表有红金、白金与黄金的3种款式，装置亮面鳄鱼皮带，配16毫米针扣。

这几年，女性消费者在品牌设计师心目中的地位大幅度飙升，原因乃女表市场还是只经过初步触碰的半处女地。今年，百达翡丽史无前例地推出许多款全新设计的纯女性手表，正是察觉到市场上日益增强的这种需要。新作品中，我很喜欢外壳大小接近3919的4896。在3919停产前，市场曾出现了一批特别版的3919，有灰、蓝和咖啡3种色泽，香港的配货在眨眼间被抢购一空，可见有不少人是喜欢彩色表面的。4896的表面是优雅华贵的皇家蓝，配雕刻图纹底，特长的细尖条状时标饰以银粉。33毫米的白金外壳，边缘镶有共重0.47克拉的72颗钻石。它的机芯，乃人手上链的Cal 16-250。此表配用哑色的子夜蓝绢面皮带，带来一气呵成的色彩配合。

资料查询
Libertas Limited

香港九龙尖沙咀九龙公园径1号裕华国际大厦12字楼
电话: (852) 2317 7866
传真: (852) 2992 0424
网址: www.patek.com

国内维修服务中心

上海
上海市中山东一路外滩18号1楼
电话：(021) 6329 6846

Calatrava Ref 4896
18K白金，表壳口径33毫米，表壳镶有72颗共重0.47克拉的上品韦塞尔顿钻石，人手上链16-250机芯，日内瓦印记，防水深度25米，缎质表带连18K白金表扣

BLANCPAIN 宝珀

宝珀

宝珀自1735年创立至今，既成瑞士钟表界最历史悠久的品牌，并以机械表为代表的传统制表工艺，一直坚持不生产石英表，在机械手表再次成为主流的今天，为宝珀带来丰硕的成果。其中的品牌经典“1735”更被美国《福布斯》杂志评为2005年全世界第二昂贵的手表，没有钻饰的手表更显品牌背后深厚的功力，也是吸引消费者的主要原因。1999年，品牌进驻中国市场，2001年设立专门的销售管理部门。要令品牌深入植根于人民的脑海中，要花上一段时间。宝珀深知，对于一个奢侈品而言，形象最为重要。宝珀不但在手表品质的制作上坚持，就连专柜的设立的位置、装潢及陈列也贯彻风格，绝不卖弄花巧，简单而富内涵的品牌，深受中国市场欢迎。直至2006年，中国的20多个主要城市都有宝珀的专卖点，其中东北市场的潜力也很大，未来品牌会继续稳守在顶级瑞士钟表的地位，以精而细的市场策略，去面对活跃的中国市场。

在钟表历史上，宝珀是最早涉足女性手表范畴的品牌之一，首枚自动上链的女装机械手表就是出自宝珀的手笔。开辟女性市场，也是宝珀的方向，品牌以“宝珀女性”为题，推出一系列糅合不同功能及设计的款式，为懂得欣赏手表内在美的女士带来惊喜。配34毫米不锈钢表壳的Lotus薄表，是基本的大三针加日历款式，外圈镶上2层钻石，与刻有直线条纹装饰及大型夸张阿拉伯数字时标的表面，设计互相衬托。Cal 1150自动上链机芯，提供100小时动力贮存，6时位置的日历显示，为手表加添实用性。Lotus提供3个型号，镶钻石的款式配黑色或白色表面及印有宝珀商标的同色橡胶表带。至于红宝石型号，表壳及黑色表面分别镶嵌180颗及46颗红宝石，表面的中央更有花朵形装饰，成为视觉焦点。黑色橡皮表壳换上与表面相配的花形图案装饰，贯彻设计主题。

喜欢更复杂机械的女士，可选择Camélia及Orchidée手表系列。Camélia系列为飞返功能计时表，34毫米的不锈钢表壳，配衬3种不同颜色的表面及表带，以及深达100米的防水能力，不单充满动感，更加添一分时尚魅力。表面上，计时针盘及小三针分别放置在3时、9时及6时位置，小三针盘内另设日历显示。中轴上的时分针采用空心设计，确保使用者能快速看到针盘内的读数，加上表面外圈及针盘上的圆形条纹装饰，令层次更分

Lotus
不锈钢，表壳口径34毫米，自动上链Cal 1150机芯，100小时动力贮存，防水深度50米，备有镶钻及红宝石款式

明。此表的Cal F185自动上链机芯，有包括37颗红宝石的308个零件，提供40小时的动力贮存。

至于表壳镶钻的Orchidée，是三历及月相显示的典雅款式，表壳选用华丽的18K白金，两边镶上26颗共重0.82克拉的美钻。表面上，最外围是阿拉伯数字日历刻度，中间是线条雅致的罗马数字小时分钟刻度，长方形的珠贝中央部分另有条状的辅助刻度。12时下方有月份及星期2个小视窗，至于设在主轴的日历指针及6时位置的月亮上有面孔图案的月相，是经典的宝珀风格。表带可选择深灰色的绢带或白色的蛇皮表带，两者都配衬相同的表面颜色。自动上链的Cal 6753机芯厚度只有4.9毫米，却出色地提供长达100小时的动力贮存。34毫米的表壳口径，尤其适合东方女性。

宝珀是顶级的陀飞轮品牌之一，2枚重要新作，分别加上崭新的功能组合及令人赞叹的钻石镶嵌。其中1枚是配Léman表壳的Tourbillon Semainier，结合了宝珀著名的7日链陀飞轮与大日历、动力贮存、星期及少见的周历显示。黑色的表面上，宝珀的招牌浮动陀飞轮及双窗大日历分别盘踞12时及6时位置。3时及9时位则分别为星期及动力贮存显示。2个针盘的面积稍有不同，为工整的表面带来点点变化。特别的53星期周历，则由中轴的指针配合表面最外围的刻度显示，提示使用者一年中的不同时段。40毫米的表壳以矜贵的铂金做成，透明表背展示雕花摆陀的Cal 3725G自动上链机芯，限量制作88枚。至于Léman Tourbillon Transparence，也限量制作50枚红金版。

宝珀的复杂机械闻名于世，它在珠宝表创作上的功力亦不容小觑。Léman 18K白金表壳的Tourbillon Grande Date Diamants，表面上的陀飞轮成为焦点，共重1克拉的194颗大小不同的钻石，以专利“rail-effect”宝石镶嵌方式，制成放射条纹的形状，水银泻地般从陀飞轮流向表面的每一个角落，汇合表壳及表耳上的另外1.8克拉钻石，散发令人目眩的光彩。38毫米的表壳内装置Cal 6925自动机芯，除了168小时动力贮存外还提供大日历显示。此外，Villeret也是宝珀女性系列杰出的作品。29毫米小口径的表壳，其中一款加入镶上131颗重5.73克拉的钻石表链，白金表壳另镶上0.7克拉的钻石，华丽璀璨。系列中还有春宫三问表孤本之作，表背上刻有“三人行”图案，制作精致。

在很多人心目中，名表与雪茄都是品味生活的代名词。宝珀限量150枚的Le Brassus系列万年历两地时间手表，便将代表雪茄之都哈瓦那的啡色作为表面的颜色。啡色手缝皮带，色调与表面互相呼应。此表配42毫米的铂金Le Brassus表壳，承袭了Villeret万年历首次应用的无

Camélia
不锈钢，表壳口径34毫米，自动上链F185飞返计时机芯，防水深度100米

Orchidée
18K白金，表壳口径34毫米，表壳镶上26颗共重0.82克拉的美钻，自动上链Cal 6753机芯，100小时动力贮存，防水深度50米

Léman Tourbillon Semainier
铂金，表壳口径40毫米，自动上链3725G陀飞轮53星期显示机芯，168小时动力贮存，防水深度100米，限量制作88只

Léman Tourbillon Transparence
18K红金，表壳口径38毫米，自动上链6925A陀飞轮机芯，168小时动力贮存，防水深度100米，红金版限量制作50只

按钮设计。万年历的调校拉杆隐藏在表耳之下，只需用手指轻轻一拉，便可调校万年历的日期、星期、月份、闰年和月相显示。这个创新安排不但容易使用，也能展露表壳的圆浑美态。自动上链的Cal 55A5A机芯，厚度只有5.95毫米，摆陀上以人手刻上烟叶图案。随表附送仿照古董制表工具特别制造的雪茄切割器。

宝珀不断寻求突破，新一代的Le Brassus “8 Jours”就是瞩目作品，手表装置自产8日链人手上链

Léman Tourbillon Grande Date Diamants
18K白金，表壳口径38毫米，表壳及表面共镶有2.8克拉钻石，自动上链6925陀飞轮机芯，168小时动力贮存，防水深度30米

Villeret

18K白金，表壳口径29毫米，白金表壳另镶上0.7克拉的钻石，表链镶上131颗重5.73克拉的钻石

Le Brassus Quantième Perpétual GMT

铂金，表壳口径42毫米，自动上链55A5A万年历GMT机芯，100小时动力贮存，防水深度100米，哈瓦那色鳄鱼皮表带，限量制作150只

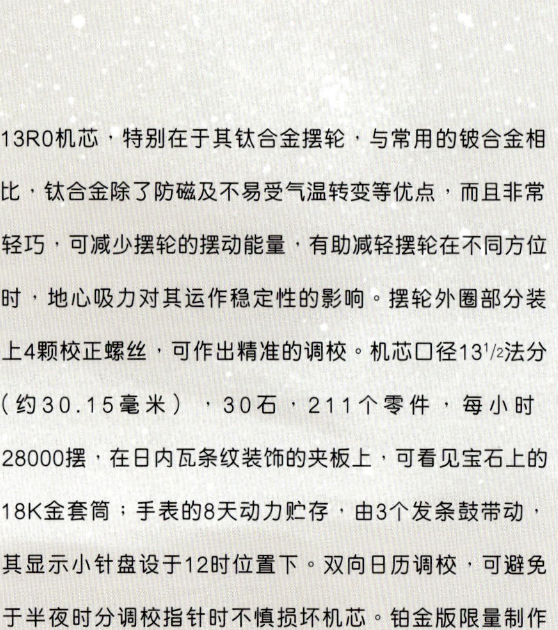

13R0机芯，特别在于其钛合金摆轮，与常用的铍合金相比，钛合金除了防磁及不易受气温转变等优点，而且非常轻巧，可减少摆轮的摆动能量，有助减轻摆轮在不同方位时，地心吸力对其运作稳定性的影响。摆轮外圈部分装上4颗校正螺丝，可作出精准的调校。机芯口径$13\frac{1}{2}$法分（约30.15毫米），30石，211个零件，每小时28000摆，在日内瓦条纹装饰的夹板上，可看见宝石上的18K金套筒；手表的8天动力贮存，由3个发条鼓带动，其显示小针盘设于12时位置下。双向日历调校，可避免于半夜时分调校指针时不慎损坏机芯。铂金版限量制作260枚。

随Le Brassus Quantième Perpétual附送雪茄切割器，仿照古董制表工具特制而成

Villeret Répétition Minutes avec Automates at Timbre Cathédrale

18K红金，表壳口径38毫米，自动上链0332三问活动人偶机芯，孤本制作

创新的Cal 13R0机芯

Le Brassus "8 Jours"

铂金，表壳口径42毫米，人手上链13R0机芯，钛合金摆轮，192小时动力贮存，防水深度100米，铂金版限量制作260只

资料查询

The Swatch Group (HK) Ltd.

香港北角电器道169号宏利保险中心40楼
电话：(852) 2510 5205
传真：(852) 2887 8432
网址：www.blancpain.ch

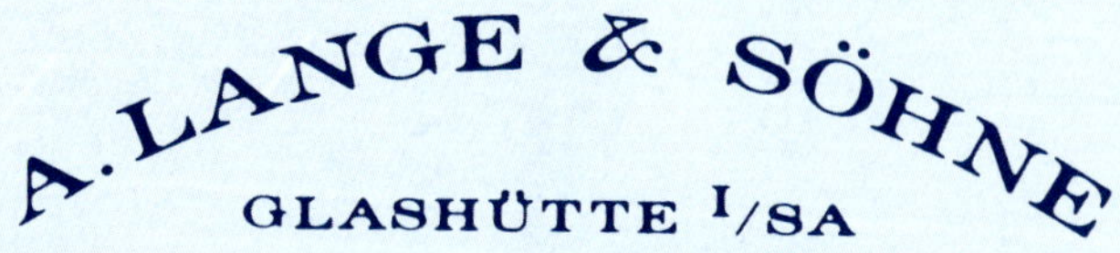

朗格

朗格经过这些年的大幅度挺进，已经拥有了相当多款式的经典系列。在复杂款的设计上，Datograph Perpetual是今年最值得关注的逸品。其实，可以自己设计制造大日期万年历计时的品牌在市场上屈指可数，这个专案成为几个巅峰级别品牌竞相争夺的重点，而其中Datograph Perpetual这样顾及艺术美感和机械流畅运作的，更是凤毛麟角。

朗格的Datograph Perpetual，在德国风格的视觉艺术和全新的机械运作间游刃有余地表现着。凭全新研制的万年历装置，它不单融合朗格经典风格的双窗大日历和能够显示日期、星期、月份、闰年、月相和日与夜的万年历，更加上著名的朗格飞返计时，成为集三大不朽元素于一身的超级复杂手表，这是令整个收藏界都为之惊叹的制作。星柱轮装置是传统计时设计的元素，比普通凸轮更精密，也拥有更好的按键手感，配合精确跳动的计时分钟盘，令Datograph Perpetual能以1/5秒的准确度计算时刻。位于3时的计时分钟盘，里面是同轴的月份显示，下面则另设一个较小的闰年指示盘。9时位的针盘分别显示小三针及星期，上面有日夜显示的小圆盘。为了迁就两个针盘，6时位的月相面积比传统设计风格的略小，但却拥有极高的准确度，每隔122年，才会与真正的月亮周期出现1天的偏差。Datograph Perpetual配备透明蓝宝水晶底盖，透视千锤百炼的L952.1手动上链机芯。它的基板以未经镀铑处理的德国银制造，这点是不同于传统瑞士风格的模式，夹板在光线的照射下散发着奶油般细腻的光辉。偏心砝码调解的摆轮系统和最新材料配置的游丝均由朗格自厂研究制作，显示了厂家对此款式的重视和背后的技术实力。独家设计的专利游丝外夹和新型的鹅颈调节装置，为精确性起到了必然的保证。此机芯震频为18000次/每小时。复杂的万年历装置总共有223个部件，厚度只有1.9毫米，配备了一个先进的专利调校装置，能通过缩短调校万年历所涉及的转辙路径，减少推动大日历所需的动力。整个共有556个零件，宝石轴承高达45石，动力贮存36小时，机芯修饰根据朗格最严格的优质标准制成，摆夹板经过手工雕刻装饰。机芯还配备了发条截停装置，确保主发条只会在稳定的扭力状态下传送动力。

Datograph Perpetual采用最高级别的铂金制作外

Datograph Perpetual

铂金，表壳口径41毫米，人手上链L952.1万年历计时大日历机芯，人手缝制鳄鱼皮表带连铂金表扣

Datograph Perpetual 采用的L952.1机芯

壳，直径41毫米，厚度13.5毫米。万年历的各项显示除了可通过独立的推进式调校器进行调校外，10时位置还有一枚可同时调校所有显示的按钮。为避免误按的情形出现，佩戴者须先拉起表冠，才可启动按钮。配防反射蓝宝石玻璃及透明表底，人手缝线的鳄鱼皮表带并配置和表壳相同材料的铂金表扣。

简单洗练，一直是朗格所推崇的经典理念之一。今年朗格以朗格创办人Ferdinand Adolf Lange的长子Richard Lange之名，推出了一款全新制作的大三针手动系列手表。Richard Lange作为格拉苏蒂制表历史中一

Richard Lange

铂金、18K红金或黄金，表壳口径40.5毫米，人手上链L041.2机芯，人手缝制鳄鱼皮表带连铂金或18K金表扣

Datograph Perpetual的计时（左）及日历装置

Richard Lange 采用的L041.2机芯

位备受推崇并影响深远的人物，以其对钟表的热诚和创意，创造了无数时计发明，并取得多项专利，深受德国制表界的景仰。他的专利包括最著名的铍镍合金游丝，这项于1930年申请的专利合金，至今仍被用以制造现代的游丝。采用L041.2人手上链机芯的Richard Lange，是集精确、美观、实用于一身的产物，以全新的设计元素继续演绎着科学天文台怀表的风韵。朗格在20世纪初

Lange 1 Soirée

18K白金，表壳口径36毫米，镶有约0.8克拉钻石或1克拉粉红宝石，人手上链L901.4大日历机芯

***Lange 1* 全钻版**

18K白金，表壳镶有共重约1.5克拉的54颗钻石，表面镶有共重约1.2克拉的303颗钻石，人手上链L901.4大日历机芯，18K白金链带镶有共重约7克拉的438颗钻石

Grand Langematik Power Reserve

铂金、18K红金或黄金，表壳口径40毫米，自动上链L921.6 SAX-0-MAT机芯，人手缝制鳄鱼皮表带连铂金或18K金表扣。限量制作铂金及黄金各100只及红金25只

生产，机芯直径57毫米的天文台怀表，自从在1901至1903年间，肩负起作为德国首次远赴南极考察的时计后，一直被应用在科学研究方面。1917至1937年间，朗格只制造了15枚这些怀表，并全被著名的科学及研究机构买下。代表朗格制表工艺登峰造极的时计，除了要达至无可比拟的精确度，更要符合清晰易读的条件。在前一个目标上，朗格的研究人员为Richard Lange装配了发条截停装置，确保发条只会在稳定的扭力状态下运作。对振动器运作的精密分析和调校，避免了擒纵及齿轮组对比率偏差的相互影响。L041.2机芯口径达36毫米，厚

Datograph

铂金，表壳口径40毫米，表壳镶有共重约5.1克拉的蓝宝石，人手上链L951.1大日历计时机芯，鳄鱼皮表带，另可选配铂金链带

度却只有6毫米，有199个精制零件，拥有多项朗格经典特色，包括五方位校正，采用以蓝钢螺丝固定的黄金套筒宝石座，人手雕刻的大型摆轮夹板，机板选用未经电镀处理的德国银制造，显示秒数的齿轮由一独立的齿轮组推动，动力贮存38小时，在有效的动力范围内确保了高精确度。

Richard Lange外壳直径为40.5毫米，采用以朗格经典天文台怀表为蓝本的简单设计，令手表达至清晰易读的要求。实心银制表面上，有线条修长罗马数字时标，外圈的分秒钟刻度以1/6秒的间隔再细分，时分针及秒针分别以镀铑的实金及蓝钢制成。为符合科学天文台表的要求，本表设有停秒的功能，当表冠被拉起，摆轮及秒针便会停止活动，令手表可被校准至与报时信号同步一致。装有防反光透明蓝宝水晶表镜及底盖，有黄金、红金和铂金可供选择，配人手缝线的鳄鱼皮表带连铂金或18K金表扣。

Lange 1乃是德国现代手表造型艺术的经典之作。今年的Lange 1推出了面向女性市场的妩媚之作。18K白金表壳镶嵌粉晶石的外圈，搭配粉色贝母面，显得青春闪烁。而黑色幻彩贝母面搭配深啡色的魔鬼鱼皮带，则另有一番神秘、多姿的风味。另一只全钻版本的Lange 1，则在表盘、外圈、链带上全部镶嵌了圆钻，把奢华璀璨的效果发挥到了极限。大日历的Datograph，外圈镶嵌了蓝色晶石，表盘则以满天星拼镶夺目碎钻，配上蓝色鳄鱼皮带，更显华丽。

作为德国的国宝级手表品牌，朗格一直和德国的一众老牌表店保持着良好且紧密的关系。为了配合德国著名的老牌表店Wempe一百周年的纪念活动，朗格制作了独特的带有能量显示的天文台款式。该款式以朗格No.1341天文台船钟的外形设计为母版，采用L.921.6自动上链机芯，其自动摆陀由21K黄金制成，PT950铂金配重边缘，鹅颈式微调，采用朗格传统特色工艺装饰夹板。黄金和铂金版本各生产100只，另外仅供Wempe纽约店发售的红金版本生产了25只。

资料查询

历峰亚太有限公司

香港中环康乐广场1号怡和大厦6楼
电话：(852) 2532 7628
传真：(852) 2810 0873
网址：www.lange-soehne.com

寶 璣

宝玑

宝玑的Tradition，因为拥有了古代宝玑的特点和现代的技术创新，而成为一上市评价甚高的新经典。它既创新，又在复古，无疑在设计上有满足各方面要求的妙处。而且，它的售价也十分便宜，可能市面上无法用同价位买到同等级的东西。

Tradition新推出了同款式的白金版本。除去黄金本身带来的雍容华贵，白金的版本在整体处理上，与黄金型号相同。不同的，则是机芯的颜色。基板和夹板都是白色喷砂处理，所以金色的齿轮、蓝钢螺丝和蓝钢指标便更加突出色彩的艳丽。要特别一提的是此表的“降落伞”避震器改用了蓝钢处理，和机芯的整体配色更加协调，也突出了这个有历史渊源的专利设计。它的机芯是14½法分（约32.38毫米）的Cal 507DR机芯，34石，21600摆频。

Tradition 7027根据现存最古老宝玑怀表No. 5的布局复制而成，今年最新的7037是自动版本，增加了有古老宝玑特色的锚状自动摆陀。在最早的宝玑自动怀表Perpetual之上，这个摆陀为古老的自动表概念的形成划下了浓重的一笔。7037以黄金制造表壳，摆陀同是18K金，经过人手雕刻古老花纹，显示出与传统的一脉相承。表盘上原本的动力贮存指示改为飞返跳动式小秒针，为整体增添了更多生气。此表用14½法分的Cal 505SR机芯，34石，摆频21600次/小时。当然，心脏部分的宝玑式上绕游丝，带4颗金螺丝的宝玑式摆轮，也沿用在新创作中。它的口径稍为增大，从原本的37毫米改为38毫米。

如果说单一的陀飞轮已经对大众失去了震撼力的话，那在巴塞尔大展上，Classique Grande Complication系列的双陀飞轮是最热门的话题。在18K金镀银的人手雕花旋转基板上，有2枚完全独立的陀飞轮，它们由一组差动装置连接。它装置2个控速系统，在差动传输中取得速度平均点，因此准确度比普通人手上链机芯高2倍。它的基板每12小时转动一圈，2枚陀飞轮的轴心与中轴成一直线，因此连系这三点的蓝钢横桥便成为小时指标。此表采用16½法分（约36.85毫米）的大口径人手上链机芯Cal 588，69石，每小时18000摆，并有50个小时的动力贮存。此表装置在44毫米的铂金表壳内，通过透明表底还可以看到十分美丽的立体浮雕宇宙星球图。

宝玑新的自产机芯Cal 577是12法分（约30.70毫

La Tradition Breguet - Self-Winding Ref 7037
18K黄金，表壳口径38毫米，自动上链505SR机芯，防水深度30米

米）的口径，厚度3.8毫米，摆频28800次每小时。表上的18K金摆陀有格纹立体雕花，使用钢瓷滚珠轴承转动，而发条鼓的内壁更使用DLC钻石类碳性涂层处理，动力的收集与释放更顺滑均匀，产生45个小时的动力。装置此新机芯的超薄自动手表，调校时间有停秒功能。

将Cal 577的擒纵轮与马仔改用硅制的部件，就成为Cal 777Q，它是宝玑应用新科技的重要作品。由此机芯装成的Classique 5177自动手表，口径为38毫米，可通过透明表底看到蓝色的硅部件以及新的Nivochoc避震

La Tradition Breguet Ref 7027
18K白金，表壳口径37毫米，人手上链507DR机芯，防水深度30米

Classique Grande Complication Double Tourbillon Ref 5347
铂金，表壳口径44毫米，人手上链Cal 588双陀飞轮机芯，防水深度30米

器。此表使用高温白瓷表面，小时标记是修长的阿拉伯数字，配以特长的蓝钢宝玑指标，独具古老宝玑时计的风采。它的日历窗，设于3时数位的内侧，保留了数字的完整性。此表有35颗红宝石，其他技术规格和Cal 577同样，防水深度30米。Ref 5177有黄金及白金2个版本，另备刻有细方格的镀银雕花表面款式，罗马数字时标。

更广泛地使用硅部件的，还有Classique 5197自动表。此表装置的Cal 591A机芯，除了擒纵轮和擒纵叉之外，游丝也用硅制成，达到超级防磁标准。这枚机芯为11½法分（约25.68毫米）的口径，25石，28800摆/小时。双发条鼓的驱动，使它具备38小时的动力贮存。在心脏部位，它有宝玑式上绕游丝及经过5方位校正的四螺丝宝玑式摆轮。在18K金雕花表面上，有2个相扣的半圆环，暗喻内部的硅游丝。方形的日历窗，设于其中一个半圆环的末端，那正好是6时处。此表的口径比5177稍小，为35.5毫米，也有黄金与白金的2个版本。

经过市场的考验，证明新设计的Marine是成功的。今年，这个系列有了具有陀飞轮控速的计时表Ref. 5837，成为该系列的第一款复杂表。它很特别地使用了鸡头式上摆夹，与以往惯见的横桥式有异，别具风格。夹

Classique Ref 5177

18K黄金或白金，表壳口径38毫米，自动上链777Q机芯，硅擒纵轮与马仔，防水深度30米

板上刻有“海军制表师”字样，那是法王路易十五颁授给宝玑大师的称号。此表使用Cal 554.3T人手上链机芯，12法分（约26.80毫米）直径，25石，摆频21600次/小时，有50个小时的动力贮存，达100米的防水能力。此外，具备计时功能的Marine手表还有Ref 5827，它是18K白金的外壳，比陀飞轮计时表的口径还大3毫米，达42毫米的大尺码。它的计时秒针和分针都在中轴上，令中轴有4根指标。表面上的另外2个针盘，一是时间秒针，一是小时累计针。此表采用Cal 583Q/1自动机芯，口径13¾法分（约30.71毫米），25石，每小时28800摆，有48个小时的动力贮存。

新款式的Marine，有着市场上很敏感的尺度，直径达到39毫米的Marine Ref 5817，带来更华贵硬朗的气派。它的表面中央，刻有螺旋放射纹。这片18K金镀黑铑的表面上有立体的红金罗马数字。6时位置处，是双碟片大日历。此表装置Cal 517GG机芯，上有18K白金的

Classique Ref 5197

18K黄金或白金，表壳口径35.5毫米，自动上链591A机芯，硅擒纵轮、马仔及游丝，防水深度30米

Marine Tourbillon Chronograph Ref 5837

18K红金，表壳口径42毫米，人手上链554.3T陀飞轮计时机芯，防水深度100米

人手雕花自动摆陀，口径为11½法分（约25.68毫米）。此机芯有35石，摆频28800次/小时，有65个小时的动力贮存。39毫米Marine自动表有2个版本，分别是全红金及红金夹白金，有100米的防水能力。至于喜欢硬朗手表的女性，宝玑也为她们设计了30毫米的Marine Lady Ref 8818。它有白金及黄金的版本，外圈镶有58颗共重1.25克拉的钻石。在螺旋放射纹雕花的表面上，有10颗钻石组成的一道小波浪纹。此表装置配18K白金摆陀的Cal 537/1机芯，口径8¾法分（约19.54毫米），20石，21600摆频，有40个小时的动力贮存。此表采用纯白橡胶表带，很是干净潇洒。

酒桶形的Heritage，依然算是古典主义的宝玑，但它的另类、优雅和斯文，却赢得了很多收藏大家和够资格的消费者的青睐。取代3670的新款Ref 3661，增加了各部位的弧度，让它在手腕上的表现更加贴手。此表使用的是同为30毫米Marine内置的Cal 537机芯，因此能顺利达至底部的完美弧线。它的表面依然是装饰了宝玑式传统雕花的纹路，以罗马数字作小时刻度。此表有白金及红金镶钻的不同版本，防水深度30米。

Reine de Naples是完全为女人设计的款式，也是

Marine Chronograph Ref 5827
18K白金，表壳口径42毫米，自动上链583Q计时机芯，防水深度100米

Marine Lady Ref 8818
18K黄金或白金，表壳口径30毫米，表圈镶有共重1.25克拉的58颗钻石，表面镶钻，自动上链537/1机芯，防水深度30米

近代最成功的两三款华贵女装表之一。这个以 Reine de Naples命名的款式采用蛋形的外壳配珠贝表面，本就妩媚万分。下方巧妙的加一个球形中置表耳，呼应了表冠的存在。今年，Reine de Naples有3种主要设计。一是以共重1.32克拉的139颗钻石组成的Ref 8928，有高高在上的雍容华贵；二是边缘镶有长方钻石，外圈及球形表耳错落镶有黄晶、蓝晶、红碧玺或紫石英4种不同宝石的8929，又是多彩多姿；三是在8928基础上加上彩色宝石流苏的Plumes 8924，那又是富贵中的俏皮。这3款设计

Heritage Ref 3661
18K红金或白金，表壳口径29.6毫米 x 35毫米，表壳镶钻，自动上链537/2机芯，防水深度30米

Marine Ref 5817
18K红金或红白金，表壳口径39毫米，自动上链517GG机芯，65小时动力贮存，防水深度100米

都使用配铂金上链摆陀的Cal 586机芯，口径6¾法分（约15.08毫米），29石，每小时21600摆，有40个小时的动力贮存。它们均配绢面表带，表扣上有不同的钻石镶嵌作装饰。如果够消费实力的女人，应该买齐这几款才是。每次一点点的不同，才够真的奢侈。

宝玑一直少量地生产着经典的Table Clock提钟。新款装置了19法分（约42.43毫米）的Cal 564/1机芯，17石，有8天的动力贮存。它的18K金镀银人手雕花面盘，非常有古典气质，罗马数字的小时环圈，配备了夜光的指标及刻度。在钟的下方，有摄氏或华氏的温度计，适合家居需要。它在背后上链，以一小金链携带，成为古老风格的提钟。看来，宝玑要在高价小型钟市场分一杯羹了。

Reine de Naples Ref 8928

18K黄金或白金，表壳口径33毫米 x 24.95毫米，表壳镶有共重1.32克拉的139颗钻石，镶钻表冠，自动上链586机芯，防水深度30米，绢身表带连镶钻折叠扣

Table Clock

人手上链564/1机芯，19法分，17石，8天动力贮存

Reine de Naples High Jewellery & Plumes Ref 8929(上) & 8924

18K白金，表壳口径33毫米 x 24.95毫米，表壳及表冠镶钻，自动上链586机芯，防水深度30米

资料查询

The Swatch Group (HK) Ltd.

香港北角电器道169号宏利保险中心40楼
电话：(852) 2510 5168
传真：(852) 2887 1815
网址：www.breguet.com

Chopard 萧邦表

萧邦表

熟知潮流走势的中国大城市时尚人士，应当对萧邦表了如指掌。不能否认，除了萧邦还有其他品牌在潮流中走在浪峰上，但潮起潮落飘飘浮浮，依然保持顶尖地位的少数品牌中，萧邦表占了稳固的一席。在许多人的心目中，萧邦是以珠宝见著的品牌，甚至来到巴塞尔大展的店家似乎都相约去订珠宝表，当然无法否定萧邦的珠宝表是胜人一筹的。已经面世30周年的Happy Diamond系列，一代比一代更受欢迎，就是很好的明证。新推出的多款镶钻8日链陀飞轮，也在自产复杂机芯的基础上添上了贵重珠宝的要素。在巴塞尔大展，我

Happy Sport Mark II Chrono

18K红金计时手表缀以5颗活动钻石，亮丽动人。另有Happy Diamond珠宝首饰系列

们看到了一只独一无二的孤本。它是一只铂金的三问表，背垫形状，表面上是一只栩栩如生的美洲豹。骤然一看，以为最多是微绘珐琅。实际上，它是珍罕的彩木马赛克。270片不同大小不同颜色的特殊木材，最小的构成了豹的胡须，拼出了这个图案。在手表上，它是史无前例的首创，有极高的艺术价值。

萧邦每年为1000 Miglia老爷车大赛推出的Mille Miglia系列，为一向专注生产华丽手表的品牌打开截然不同的运动风格，已成为运动表迷翘首以待的指标系列。今年一反常态地不以计时表为主打，而由大三针天文台表Mille Miglia Gran Turismo XL披甲上阵。此表以大尺寸配大机芯为特色，44毫米的不锈钢表壳，搭配市场上最大的自动上链机芯之一的ETA A07.111机芯，直径达37.2毫米，24石，28800摆幅，46小时动力贮存。大机芯的好处，资深表迷一定十分清楚，加上得到天文台认证，准确程度更是毋庸置疑。银白色的表面上，2个超大立体阿拉伯数字于6时与12时位置，设计极具原创性。放大的日期

Happy Twelve
手表的心形表扣成为设计焦点

Two O Ten
铂金，表面由彩色木块砌成，自动上链三问机芯

Mille Miglia 2006 Gran Turismo XL
18K红金或不锈钢，表壳口径44毫米，自动上链ETA A07.111机芯，天文台认证，防水深度100米，限量制作红金250只及不锈钢2006只

Mille Miglia "Jacky Ickx Edition 4"
不锈钢，表壳口径42.55毫米，自动上链Dubois-Dépraz 44560计时机芯，天文台认证，防水深度50米，限量制作1000只

Mille Miglia Split Second
18K红金，表壳口径44毫米，自动上链La Joux-Perret 8721追针计时机芯，天文台认证，防水深度50米，限量制作250只

视窗结合了防反光蓝宝石水晶镜面，让用家读取时间更容易。红色的分时刻与箭形秒针，以Mille Miglia赛车的旗帜为根据，添加一分精密工艺味道。表带可搭配印有车胎花纹的黑色橡胶或皮革质料，皆配备折叠式表扣，整体防水深度100米，除了限量2006枚不锈钢款式，此表还推出华贵的红金版本，只做250枚。

作为运动表系列，Mille Miglia当然少不了计时款式。与著名赛车手Jacky Ickx合作创造的Mille Miglia Jacky Ickx Edition 4飞返计时表，有多项新元素，其运动造型洗练而可靠耐久，多项实用的性能包括双窗大日历、飞返计时与独特的24小时计时器，皆合乎用家所需。自动上链的Dubois-Dépraz 44560机芯，得到瑞士官方天文台认证，49石，28800摆幅，40小时动力贮存。此表采用42.55毫米不锈钢表壳。另一款追针计时表，限量250只。呈现刚毅运动线条的红金表壳口径44毫米，4个小针盘以极具动感的方式排列黑色表面上，超大日历针盘置于3时位置，凸起的设计有助读取日期。分段时间计时的按钮给放在8时位置。选配瑞士官方天文台认证的La Joux-Perret 8721自动上链机芯，这手表完全展现出制表工艺中最精密的运动性能及独特魅力，提升Mille Miglia系列的专业形象。

许多人不知道，萧邦也是瑞士少有的能自制机芯的厂家之一。我自己认为，这个品牌的自产机芯具备在瑞士品牌中列入三甲位置的品质。队伍越来越壮大的L.U.C手表系列，新款式集合复杂及实用功能。即将在巴塞尔首度露面的L.U.C 10CF机芯，不单是纪念品牌自己生产机芯10周年的创作，也是他们的第一款计时自动机芯。此机芯的口径为28毫米，45石，双向上弦中轴摆陀，每小时28800摆，准确度达到瑞士天文台标准。它的计时装置使用星柱轮及垂直交连装置，操作精准可靠。特别设计的大摆轮美不胜收，以类似陀飞轮的横桥固定，整体打磨得到日内瓦印记的嘉许。此表有飞返启动功能，6时位置小秒针还可以回零对时。计时表中的时间秒针回零装置正在申请世界专利，另外2个申请专利项目是三计时针完美回零以及双向摆陀的单向动力传输装置。此机芯装置在42毫米白金表壳内，命名L.U.C Chrono One。

Pro One GMT两地时间手表，采用在萧邦Fleurier厂房开发及生产的自动机芯，双发条鼓设计带来65小时动力贮存，并经过瑞士官方天文台认证。橙色与黑色结合的24小时外圈，展现运动气息。清晰明确的表面，箭头形指针与时刻标示，采用白色的夜光涂料，夜晚读取时间更加容易。透明的蓝宝石水晶镜面保护橙色的夜光数字，实用的设计，能够准确读取第二时区的时间，只需要旋转表圈，将三角形橙色指标对齐第二时区即可。此表的不锈钢表壳采用螺旋锁定的表冠与旋入式底盖，防

Mille Miglia系列的2只特别创作：Speed Black 2计时表（左）及SGran Turismo XL动力贮存显示

L.U.C Chrono One

白金，表壳口径42毫米，L.U.C 10CF机芯，防水深度30米

L.U.C Pro One GMT

不锈钢，表壳口径42毫米，自动上链L.U.C. 4.96 "Pro One" GMT机芯，天文台认证，65小时动力贮存，防水深度300米

水深度达300米，底盖雕刻东西南北四方位浮雕，有十足的立体感。

萧邦另一L.U.C新作是男士手表系列中的超薄表款，配装了只有3.3毫米厚却能提供65~70小时动力贮存的2发条鼓自动上链机芯。此表有2个型号：黄金款式配白表面金色指针，白金款式则是黑面银色指针，前者有古典气息浓烈的罗马数字刻度及路轨时标，后者则配充满现代感的4个阿拉伯数字及条状时标。简单的两针指示，堪称低调精练的完美典范。直径39.5毫米的圆形表壳，内藏饰以日内瓦条纹的L.U.C96HM机芯，经瑞士官方天文台认证。配鳄鱼皮表带连金表扣。复杂作品方面，2004年赢得“全年最佳手表”的4发条鼓8日链L.U.C Quattro Régulateur，今年化身成开放表面的L.U.C Tech Régulateur限量版，人手上链的L.U.C 4RT机芯刻上日内瓦印记。此表配39.5毫米不锈钢表壳，限量250只。只做100只的18K白金的L.U.C8日链陀飞轮方面，黑色表面中央缀以放射状直线雕刻烘托犹如展翅飞鸟般的陀飞轮横桥。

最后要特别一提的是最新版两地时间表Dual Tec “LR”。它装置了2枚机芯，其中一枚是ETA 2671。在长方中带弧线的表壳，表面上有夸张的变形阿拉伯数字小时标记，从上表盘跨越到第二时区针盘。表壳右缘的2颗表冠上，有拉杆作防水保护。名字上的LR，其实是屡获格林美奖的名歌手Lionel Richie的名字缩写，表彰他对乐坛的贡献。它有2个限量版本，分别是金或钢的外壳。

Dual Tec “LR”
18K红金或不锈钢，表壳尺寸56毫米 x 43.1毫米，2只自动上链机芯，限量制作

L.U.C Extra Plate
18K黄金或白金，表壳口径39.5毫米，自动上链L.U.C 96HM机芯，65~70小时动力贮存，防水深度30米

L.U.C Tech Régulateur
不锈钢，表壳口径39.5毫米，人手上链L.U.C 4RT规范指针机芯，216小时动力贮存，天文台认证，日内瓦印记，防水深度30米，限量制作250只

L.U.C Tourbillon
18K白金，表壳口径40.5毫米，人手上链L.U.C 4T陀飞轮机芯，216小时动力贮存，天文台认证，防水深度30米，限量制作100只及镶钻款式25只

资料查询

Chopard Hong Kong Limited

香港中环德辅道中68号万宜大厦2201-2205室
电话:(852) 3406 9300
传真:(852) 3406 9333
网址: www.chopard.com

国内维修服务中心

上海
上海市南京西路1376号上海商城A05号店
电话:(021) 6279 8985
传真:(021) 6279 8977

专卖店

上海
上海市南京西路1376号上海商城A05号店
电话:(021) 6279 8984

大连
大连市中山区解放路1号103-106号店铺
电话:(0411) 8230 3803

广州
广州市环市东路369号
电话:(020) 8357 7348

成都
成都锦江区总府路31号四川迪生蓉兴百货1楼1013号店
电话：(028) 8662 7135

营销网络

北京
北京名表城
北京市王府井大街138号
电话:(010) 6528 0067

北京英皇钟表珠宝
北京市建外大街22号赛特购物中心
电话:(010) 8511 0800

上海
上海名表城
上海市浦东南路1111号底层
电话:(021) 5836 5926

上海英皇钟表珠宝(梅龙镇店)
上海市南京西路1038号梅龙镇广场108室
电话:(021) 6218 6589

上海英皇钟表珠宝(外滩店)
上海市中山东一路18号
电话:(021) 6329 4193

上海迪生钟表珠宝
上海市长宁区遵义南路6号虹桥友谊商城一楼
电话:(021) 6219 9319

上海东方表行
上海市南京西路久百城市广场1层
电话:(021) 6288 2819

上海亨达利钟表公司
上海市南京东路262号
电话:(021) 6323 5678

鞍山
鞍山东方表行
鞍山市铁东区五一路34号
电话:(0412) 224 5188

长春
长春国际钟表
长春市重庆路478号
电话:(0431) 891 9026

长沙
长沙亨吉利世界名表中心
长沙市黄兴中路88号平和堂商贸大厦1楼
电话:(0731) 256 4261

大连
大连锦华钟表 — 友谊商城店
大连市人民路8号1楼
电话:(0411) 8263 2417

大连锦华钟表 — 友谊商城福佳新天地店
大连市沙河口区西安路101B

广州
广州友谊商店
广州市天河东路228号
电话:(020) 3833 1833

哈尔滨
哈尔滨亨吉利世界名表中心
哈尔滨市南岗区东大直大街323号大世界商场一层
电话:(0451) 263 2417

南昌
南昌东方表行
南昌市东湖区中山路177号太平洋购物广场首层
电话:(0791) 673 2818

南京
南京东方表行
南京市中山南路2号东方商城首层
电话:(025) 8478 4008

沈阳
沈阳大公世界名表中心
沈阳市和平区中山路65号
电话:(024) 2341 4588

深圳
深圳亨得利阳光表行
深圳市罗湖区深华商业大厦首层1026号
电话:(0755) 2519 5117

深圳西武百货
深圳市深南中路1095号2楼
电话:(0755) 2594 3598

乌鲁木齐
乌鲁木齐亨吉利世界名表中心
乌鲁木齐市民主路22号
电话:(0991) 485 7076

温州
温州英皇钟表珠宝
温州市五马街12号中百商城二楼
电话:(0577) 8821 6822

西安
西安亨吉利世界名表中心
西安市南大街36号豪门美食购物中心
电话:(029) 8726 3153

郑州
郑州东方表行
郑州市中原中路220号裕达国际贸易中心精品广场首层
电话:(0371) 6772 3020

Glashütte ORIGINAL 格拉苏蒂

格拉苏蒂

德国腕表以简洁耐看见称，Glashütte Original自1845年创立开始，也保持着品牌风格，每一件作品都由德国萨逊郡格拉苏蒂的原厂开发生产而成。归于海耶克旗下，德国品牌格拉苏蒂不单建成了新厂，还焕发出非凡的魅力。他们每年都运用超强的研发能力，推出让人心动的款式。新杰作包括Masterpieces、Senator、PanoDate和Star四大系列。

Masterpieces系列的主要作品以陀飞轮为主，Tourbillon Regulator的Regulator有其独特的设计模式，三角小时箭头指示在154弧度的小时刻度上飞返运行，中轴分针有专属独立指示盘。手表搭载品牌的强项——浮动陀飞轮，新款的设计加入弧形横桥，令赏玩家的注意力都放在陀飞轮表面时，太阳放射纹雕刻便起辅助作用，有流动的视觉效果。经锻面处理的表壳是铂金制造，表冠上镶有球面黑玛瑙，令表面更有立体感。Calibre 46人手上链机芯仅以一个发条盒来处理60小时的动力贮存能量，陀飞轮可避免齿轮桥板上多余的摆动，并能控制秒、分钟和逆跳的时针，节奏恒定。动能经由动力模组传动到具有迅速飞返的逆跳小时机制，一个轮栓每小时准确地向前跳

Tourbillon Regulator

铂金，表壳口径39.9毫米，人手上链Cal 46陀飞轮飞返规范指针机芯，防水深度30米，限量制作100只

PanoMatic Tourbillon
铂金，表壳口径39.3毫米，镶有共0.96克拉圆钻，表冠镶有0.1克拉圆钻，自动上链Cal 93陀飞轮机芯，限量制作25只

Senator Karree Tourbillon
铂金，表壳尺寸40毫米 x 36.3毫米，人手上链Cal 43陀飞轮机芯，防水深度30米，限量制作50只

14度，让时针往下移动。全球限量100只。

系列其中的珠宝款式PanoMatic Tourbillon也有浮动陀飞轮的设计，铂金表壳的外圈镶有共0.96克拉的圆钻，表冠亦镶有0.1克拉的圆钻，白金表面雕以时分针为轴的放射花纹，手表使用著名的自动上链Cal 93陀飞轮机芯，限量仅25只；另外，限量50只的Senator Karree Tourbillon陀飞轮，也用上经典的Cal 43人手上链机芯，包含了超过180个以上的零件，搭载了18K金螺丝的螺丝摆轮，18K金套筒，蓝钢螺丝。此机芯的精细镂空雕花，配上新设计的Karree酒桶形外壳，在传统中带新潮。

典雅的Senator系列以圆形表款为主，其款式载有不同功能，其中的Senator Complete Calendar有格拉苏蒂传统的大日历与月相，月份和星期的2个小表盘于上方并排而列，备有18K红金和不锈钢的2个型号。另外的Senator Calendar Week，其表面4时及8时位置分别有大日历和星期小表盘，12时刻度下的大视窗依照格拉苏蒂的双碟大日历显示方式，以红色数字指出当时是全年的星期周数。要制作特别指示跳动双碟周历的组件相当困难，因为全年天数和日数无法整除，机械上的计算很复杂。Senator Calendar Week的周数会在星期日晚上转动1格而改变；每一次转动时，贮存能量的发条都会被拉紧1/60，以贮存足够的能量来预备年底的大转动；到了年底，“53”并不直接跳到“01”，而跳到下一个数字“54”，这时贮存了1年的能量就会释放，周转轮转

Senator Karree Perpetual Calendar
18K红金或不锈钢，表壳尺寸40毫米 x 36毫米，自动上链Cal 39-50万年历机芯，防水深度30米

动7格，等于以整数的60齿来到新一年开始。此表装置的Cal 100-05特别装配了一个离心力刹停，确保周数碟能顺畅转动。此表同样备有红金和不锈钢版本。

最新款式Senator Sixties以20世纪60年代为主题，加入当时潮流元素，提供多种官能刺激，并留下不少美好回忆。圆拱形表面、棒形指针、特大的小时数字及棒形小时标示也同样凸显当时的设计特色。透明表背设计不但可欣赏机芯结构，还特别让您从旁观赏21K金摆陀旋转，带领大家再次进入这欢乐时光。手表备有银色或黑色表面，红金或不锈钢表壳以供选择。

Senator Complete Calendar
18K红金或不锈钢，表壳口径40.1毫米，自动上链Cal 100-06三历月相大日历机芯，防水深度50米

由Senator系列延伸出来的Senator Karree系列，酒桶形的表壳成为此系列的设计特色，款式较以前大了一码，外形予人厚实雄刚的感觉。表盘以手工完成的弧形线条，一开始已给人流畅的感觉。整个凹弧形的表背和弧形的蓝宝石水晶镜面贴合桶形表壳，其弦度可完全贴合佩戴者的手腕，舒适非常。抛亮的边缘及表壳面加上光滑的雾面处理，突显桶形表壳和每个独立功能的视觉结构。此外，这系列均选用自动的Cal 39基础机芯，款式有Senator Karree Perpetual Calendar万年历表、Senator Karree Panorama Date大日历表和Senator Karree Chronograph计时表3只不同的大号表，加上1只

Senator Karree Chronograph
18K红金或不锈钢，表壳尺寸40毫米 x 36.3毫米，自动上链Cal 39-31计时机芯，防水深度30米

Senator Karree Panorama Date & Automatic
18K红金或不锈钢，自动上链Cal 39-42或Cal 39-52机芯，防水深度30米，自动款式备有2种表壳尺码

Star Collection
18K红金或白金，表壳口径39.3毫米，表壳及表面镶有钻石及多种不同宝石，自动上链Cal 90-02大日历月相机芯或Cal 65-01动力贮存显示机芯，防水深度30米

口径稍小的Senator Karre Automatic大三针表，为不同用家和收藏家带来多种选择。

品牌另一系列PanoDate采用德国风格的偏心时分针。PanoMaticVenue设有第二时区小针盘。自动上链Cal 90-04机芯载有以手工雕刻的摆轮夹板，其双鹅颈微调机械可令时计的机械律动精确无误。镂空21K金自动陀偏离中心，位于传统的3/4夹板上。摆陀在自动机芯的基板上，顺整个特别打磨过的齿轮轨道来回摆动。作为旅行时计，日常时间在偏心式的主针盘上显示，24小时制的指针也有日夜时间显示，使时间的设定和日期容易同步。主

PanoMaticVenue
铂金、18K红金或不锈钢，表壳口径39.4毫米，自动上链Cal 90-04大日历两地时间机芯，防水深度30米，铂金版本限量制作200只

盘时针和24小时制的指针，能够以表冠同步调整。用者旅行跨越时区时，主盘时针可由表壳的左边的按钮前后调整为当地时间，而24小时指针和日期则显示原地时间。PanoMaticVenue有3种不同的颜色和外壳可选择：不锈钢、红金及限量200只的铂金表款。

品牌特地设计了数款别具航空风格的手表，其中一款是PanoDate系列PanoNavigator，焦点着重于其辨识性和功能性。手表配备Cal 95的自动上链机芯，结构加上灵巧的双向上链系统，可将能量传递至双发条鼓，作为表款稳定动力的基础。表盘的上半部有PanoNavigator特大秒针计时表盘，与秒针小表盘及30分钟计时小表盘交叠着。秒针计时表盘以夜光涂抹的方式出现，跟墨绿色表面分层排列。所有小表盘上的整点数字、精细的分钟刻度、时针分针和秒针都嵌上了发光物质，提高夜视性。这口径达44毫米的雾面处理铂金表壳，相信会能讨爱大表面的人士欢心。

另外2款航空军表系列：Senator Navigator Automatic和Senator Navigator Panorama Date，手表以Cal 100自动上链机芯为骨干，其秒针独立于表本身的主动能之外，因此可以配置有归零机制，使秒针同步化变得更简单。当表的表冠被拉起时，表内的摆轮会如常摆动，意即机芯仍会照常运作。归零的机制由8时位置的一个独立按钮启动。表冠依据功能和附加价值而设计，因此，它的直径也增加至44毫米，并在靠近表壳处做成容易抓握的斜面设计。此表经雾面处理，用上了坚固的不锈钢外壳。深色小牛皮表带和表扣贴合佩戴者手腕；手工制的表带被染上了绿的古青铜色，双层小牛皮中间加了垫，并以双排车线缝合。

Senator Navigator Panorama Date
不锈钢，表壳口径44.2毫米，自动上链Cal 100-03大日历机芯，防水深度50米

Senator Navigator Automatic
不锈钢，表壳口径44.2毫米，自动上链Cal 100-09机芯，防水深度50米

PanoNavigator
铂金，表壳口径44毫米，自动上链Cal 95计时机芯，防水深度50米，限量制作50只

与此同时，品牌推出色彩缤纷的Star Collection，采用备有双鹅颈微调的机芯，下方装设小秒针和双碟大日历，右上方为月相窗或动力贮存显示。不同色泽的表面配以钻石及红蓝宝石的不同装饰。系列手表均为贵金属的外壳，甚至起用了格拉苏蒂很少应用的白金。以功能区分，手表有带动力贮存显示的PrimaVera、GoldenDragon和ArabicDream，以及有月相显示的SeaShell和NordicLight。

2006年刚巧是格拉苏蒂建镇500周年，也是德累斯顿建城的800周年，为此格拉苏蒂特别生产了一套8只的彩瓷珐琅表。表面由德国彩瓷大画家Meissen设计绘画，画面乃这2个城镇的最主要景点，当然主要在特雷斯顿城内。我印象很深的，当属接近萨克逊郡王夏宫的“蓝桥”，它架在易北河上，本身的色泽就有一番动人故事。这套表令我回想起，以前格拉苏蒂曾做过以青花狮子为主题的Meissen Last Edition，当时心底十分惋惜。总裁Frank Müller博士指出，表迷反应热烈，他们实在欲罢不能，所以重为冯妇。此表继续采用已停产的一代经典GUB49人手上链机芯，极具收藏价值。

Dresden 800th Anniversary
18K红金，Meissen珐琅表面，人手上链GUB49机芯，防水深度30米，限量制作25套

资料查询

The Swatch Group (HK) Ltd.

香港北角电器道169号宏利保险中心40楼
电话: (852) 2510 5142
传真: (852) 2887 8432
网址: www.glashutte-original.com

营销网络

北京
北京名表城新东安分店
北京市东城区王府井大街138号一层148号铺
电话:(010) 6528 0067

北京燕莎友谊商城
北京市朝阳区亮马桥路52号燕莎商场
电话:(010) 6465 1843

上海
上海名表城南京西路店
上海市南京西路1177号
电话:(021) 6272 6903

上海所罗门钟表珠宝新天地店
上海市黄陂南路333号企业天地商业中心3号楼
电话:(021) 5382 7206

国内维修服务中心

上海
上海市天钥桥路30号美罗大厦5楼
电话:(021) 6426 7968内线287

大连
大连锦华钟表百年城店
大连市中山区解放路1号M2层
电话:(0411) 8263 2417

宁波
宁波瑞星钟表有限公司
宁波市中山东路279号金光中心F1-04铺
电话:(0574) 8725 3266

长春
长春中孚世界名表行
长春市建和胡同79号
电话:(0431) 8960 033

昆明
昆明金龙百货有限公司
昆明市白塔路90号
电话:(0871) 3127 302

重庆
重庆大都会名表城
重庆市渝中区邹荣路68号大都会广场LG层
电话:(023) 6353 3004

GP
GIRARD-PERREGAUX
芝柏表

芝柏表

要提到芝柏经典之作，绝对是三金桥陀飞轮。去年品牌的作品中，尝试将经典的三金桥再作突破，推出的蓝宝石水晶为桥板的Laureato EVO³ 陀飞轮，虽然名称上有一点差别，制作上有天壤之别。

芝柏于1998年推出三桥Laureato不锈钢陀飞轮，为这个超越1世纪的经典设计打开了新的局面。金光闪闪的三金桥不但显露顶级钟表制作的典雅奢华，搭配在洋溢现代动感的运动表款内，更能展现刚强硬朗的一面。芝柏最初设计的三金桥，着眼于其结构上的实际作用而不是装饰效果。Laureato不锈钢陀飞轮的出现，正好提醒人们三金

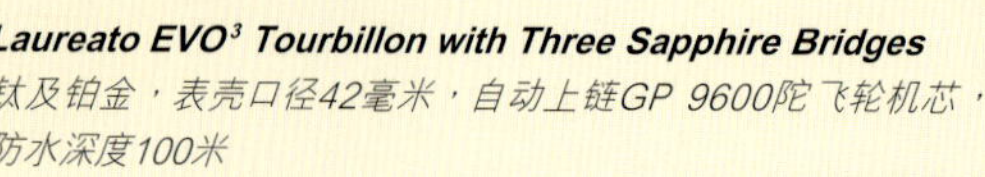

Laureato EVO³ Tourbillon with Three Sapphire Bridges
钛及铂金，表壳口径42毫米，自动上链GP 9600陀飞轮机芯，防水深度100米

Laureato EVO³ Large Date, Moon Phase and Power Reserve
不锈钢，表壳口径44毫米，自动上链GP 3330大日历月相动力贮存机芯，防水深度100米

防水深度100米。旋律陀飞轮框架由72个零件组成，共重0.3克，所有零件经人手调校、倒角及打磨，配透明蓝宝石底盖。

此外，Laureato手表系列自1970年代推出以来，一直也随着时代变化而制作更多变的实用的手表。系列的手表外形几经变革，风格仍保留浓烈动感、鲜明的线条轮廓及含蓄而不张扬的优雅韵味。系列其中的新款式包括大日历视窗、动力贮存及月相显示，防水深度100米，足以应付日常生活的需求。此表搭载的GP 3330自动上链机芯由芝柏自行开发及制作，专利的大日历视窗设计，双数字显示方式无中间间隔，并没有高低视觉落差，显示相当清楚。原创的月相机件以发条鼓连接而不是齿轮，令月相功能更能平滑地持续运作，跟一般月相的周期跳跃动作截然不同。此外，月相以充满诗意的方式展现，每122年又

桥设计的初衷。由于产量极少，这款独特的设计在二手市场的价格长期高企，成为不少收藏家热切追求的逸品。

品牌的Laureato手表系列中，第三代手表Laureato EVO³ 的三晶桥采用蓝宝石水晶片，在矿物硬度排列中，蓝宝石仅次于钻石，将这种材料运用在机芯制作上，必须应用最先进、精确而细致的技术，始能将之切割及打磨至完美而通透的效果。仔细一看，没有箭头的3道水晶桥其实是第一代三金桥的原始造型，箭头是后来加入的。此外，视觉效果比起三金桥更好的是，通过3道透明桥，可更加清楚地欣赏陀飞轮的活动以及小摆陀的上链情况。Laureato EVO³ 三桥陀飞轮选用钛金属表壳结合铂金外圈，直径42毫米，搭载GP 9600自动上链机芯，直径12¾法分（约28.48毫米），30石，48小时动力贮存，

Sea Hawk II Pro Challenger of Record Flying Tourbillon
18K红金或铂金，表壳口径44毫米，人手上链GP V97陀飞轮机芯，110小时动力贮存，防水深度1000米，限量制作各32只

45天才需调整一次，精确度极高。直径44毫米的表壳以不锈钢制作，人手拉丝打磨与抛光相间打磨，机芯尺寸为25.6毫米 x 28.8毫米，摆动频率28800次/小时，35石，动力贮存46小时。

除了运动风格的手表款式，芝柏亦推出风格较优雅的系列，Vintage 1945是芝柏的重要款式，以可刚可柔的方形表壳，展现品牌的不同风貌。全新的大号计时表XXL Chronograph不但延续这跨越时代的永恒美感，并渗入了一抹现代感及运动表的气质。表面上的立体格子图案花纹，与3个圆形的计时及小秒针盘，在质感及视觉上构成

Vintage 1945 XXL Chronograph
不锈钢，表壳尺寸36毫米 x 37毫米，自动上链GP 033C0计时机芯，防水深度30米，橡胶表带连折叠扣，限量制作1000只

Sea Hawk II USA 71
不锈钢，表壳口径42毫米，自动上链GP 033R0机芯，防水深度300米，限量制作500只

Monte-Carlo 1976
不锈钢，表壳口径40毫米，自动上链GP 19C0机芯，防水深度30米，限量制作500只

强烈对比，红色的计时秒针及数字，在以黑色为主调的表面显得特别抢眼。尺寸36毫米 x 37毫米的不锈钢表壳，搭配自动上链的GP 033C0计时机芯，配橡胶表带连不锈钢折叠扣，限量1000只。在运动表的领域上，芝柏今年还有多款以2007年美国杯帆船赛及蒙地卡罗拉力赛的限量新作，还有分别来自Sea Hawk II、ww.tc及Vintage 1945等系列。

芝柏另一系列新作Sea Hawk II Pro Challenger of Record Flying Tourbillon，同具阳刚气息。Sea Hawk II Pro是品牌的专业潜水表系列，双减压气阀的设计令它可承受巨大的水底压力，加上浮动陀飞轮装置，更令新作如虎添翼。以铂金或18K红金制作的表壳，46毫米的大口径设计尽显运动魅力，人手上链的GP V97机芯，14法分（约31.27毫米），18石，110小时充足动力贮存，防水

Vintage "Monaco 1911"
不锈钢，表壳尺寸32毫米 x 32毫米，自动上链GP 03390机芯，防水深度30米，限量制作500只

ww.tc Perpetual Calendar
18K红金，表壳口径41毫米，自动上链GP 033Q0世界时间万年历机芯，防水深度30米

ww.tc USA 76
不锈钢，表壳口径43毫米，自动上链GP 033C0世界计时机芯，防水深度30米，限量制作750只

深度1000米，限量各32枚。

品牌的多功能手表，总可照顾不同人士的需要，更吸引不少喜欢钻研机械制表工艺的表迷。芝柏ww.tc世界时间系列表款自2000年推出以来，甚受商务人士的喜爱。ww.tc Heure du Monde结合世界时间与万年历2种复杂功能，让您随时掌握精确的时间。表面设有24小时昼夜区分的显示环，里面的4个小表盘指示万年历及月相盈亏、还有9时位星期显示及3时位的日历，12时的月份及闰年显示，6时位置的月相盘在月亮、星宿与湛蓝夜空的相衬下，突显出感性唯美的人文印象。3时位置的表冠调整中央指针及日夜显示环，9点钟的另一枚表冠则用以调整世界时区的城市转盘，18K红金表壳口径41毫米，采用GP 033Q0自动上链机芯，26石，摆频28800次/小时，动力贮存46小时，防水深度30米。Vintage 1945系列中，分别还有全历手表、等式时差万年历及$^1/_8$秒追针计时表供选择。

机械手表不再是男性的专利，这一两年间，不少表厂纷纷投入更多的资源创制女表，令市场更为热闹。芝柏推出的Cat's Eye系列屡获好评，2006年推出的Bi-retro双飞返款式，其椭圆形18K白金表壳不单线条优美，更在309颗重3.07克拉美钻的烘托下，散发傲人的光芒，犹

Vintage 1945 XXL Split-Seconds Chronograph
18K红金，表壳尺寸37毫米 x 37毫米，自动上链E04C0追针计时跳秒机芯，防水深度30米

Ladies Chrono
18K红金、白金或不锈钢，表壳口径32毫米，自动上链GP 030C0计时机芯，防水深度30米

Cat's Eye Bi-Retro
18K红金或白金，表壳尺寸30.25毫米 x 35.25毫米，表壳及表面镶钻，自动上链GP 03390双飞返机芯，防水深度30米，缎质表带

如猫儿的眼光一样睥睨众生。黑色珠贝表面上，镶钻的9时及3时阿拉伯数字旁的弧形飞返秒针及星期显示，极其优雅。6时位置的日期窗，有立体深度的Eye Bi-retro采用11½法分（约25.68毫米）的GP 03390自动上链机芯，36石，摆频28800次/小时，46小时动力贮存，配优雅的深灰色绢面表带。此表另有红金款式。方形表壳的Vintage Today，带来多个新的女装款式，以缤纷的色彩绽放青春活泼的气息。

Vintage Today How Much（上）及Sakura
不锈钢，表壳尺寸32毫米x32毫米，自动上链GP03390机芯，防水深度30米，缎质表带连折叠扣，How Much限量制作50只，Sakura限量制作30只

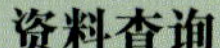

资料查询

FJ Benjamin (HK) Ltd.

香港北角英皇道510号港运大厦2308室
电话：(852) 2506 2666
传真：(852) 2506 3573
网址：www.girard-perregaux.com

IWC SCHAFFHAUSEN 万国表

万国表

1868年开创的万国表，其创办人F.A. Jones先生累积了宝贵的制表经验，并致力于生产高质素的专业手表。自1936年推出第一枚飞行员手表，就可在驾驶舱内的特殊环境下正常运作，现时品牌致力钻研，以制造技术精湛而富有现代感的飞行员手表。去年推出了多款新作，其中一款Spitfire喷火战机飞行员手表系列，由2003年起开始推出，现共有4个型号：自动计时手表、双时区环球时间手表、经典马克十六手表和中型手表。系列中的新款自动计时手表（Spitfire Chrono-Automatic）在尺寸上稍有变化，口径由39毫米增至42毫米，加强整体的阳刚味。而指针形状则取材自1940年大型飞行手表（Big Pilots）原形，阅读时间可更清晰，增添可辨认性。小秒针以独特的红色渲染，以区别计时功能的其他小盘。该款采用79320型计时机芯，防水深度60米。

喷火战机马克系列一直是万国军表风格中的经典。在马克十五热卖了好些年之后，新款马克十六(Pilot's Watch Spitfire Mark XVI)款式比旧款马克十五口径增1毫米，表盘的设计也遵循1940年的原创风格，采用30110型自动机芯，经过万国多年的改进，有卓越不凡的功力；同系列的Midsize中型手表其实是马克十六的小巧版，表壳口径34毫米，特别适合手腕较纤幼的人士佩戴。万国的飞行表在突出外形的同时，也坚持了一贯的对品质的严格要求。所有的飞行手表都配备了防止刮花的弧面蓝宝石，旋入式锁底和旋入式表冠保证了60米的防水深度，表壳内部配备的防磁软铁内壳，则是万国飞行表长期坚持的传统；而万国喷火战机UTC手表，备有环球通用协调时间（UTC），即是以格林威治标准时间（GMT）为基础，让各地的时差均保持一致的规则时间。这种协调时间对于飞行员和经常来往于各大洲的旅客有十分重要的作用。手表显示当地时间和日期可通过表冠以1小时为单位调节快慢。所在地的时间则以24小时制式在6时位置显示。相对于旧款式，弧形视窗的下移显得更加协调了。

除了喷火战机系列外，经典系列中的新款Pilot's Watch Double Chronograph追针计时码表，同样别具个性，这是品牌第三款推出的精美高新技术材质制作的手表，44毫米的表壳配搭哑黑色的表盘，表冠及按钮均以灰色钛金制作。荧光白色数字刻度及时分针配合红色的小秒针，阅读性相应增加。手表搭载自动上链79230飞返计

Spitfire Chrono-Automatic
不锈钢，表壳口径42毫米，自动上链79320计时机芯，防水深度60米

Pilot's Watch Chrono-Automatic
不锈钢，表壳口径42毫米，自动上链79320计时机芯，防水深度60米

时机芯，10时位的按钮用作启动分段计时功能，手表以1000枚陶瓷表壳样式限量发行；经典大型飞行员手表特大的46.2毫米表壳，配上51110独家生产机芯，是目前世界上最大的自动机芯，配置专利比勒顿（Pellaton）自动上链装置，能有最短时间内积存8天半的动力贮备，特别的装置能运转168小时后停止机芯运作，预防因主发条不适当地扭矩而影响摆陀的振幅从而引致擒纵系统的精准度。备有铂金限量版，白金及不锈钢表壳，两款均配搭水牛皮表带及黑色与褐色鳄鱼皮表带。经典系列还有自动计时手表、经典马克十六手表和中型手表，功能大致与同型号的喷火战机系列相同。

《小王子》作者以及航空先驱的安托万·圣艾修伯里在1931年发表了小说《夜航》，以本身的经验，精彩地描写了邮政航班与时间及大自然力量的较量。1944年7月31日，圣艾修伯里上校驾驶P38侦察机从美军科西嘉岛的空军基地起飞，准备执行侦测任务，却从此一去不复返。为纪念这部传世佳作发表75周年和向这位无数人心目中的英雄致敬，万国限量发行了1931枚飞行员计时

Pilot's Watch Mark XVI Spitfire
不锈钢，表壳口径39毫米，自动上链30110机芯，防水深度60米

手表Pilot's Watch Chrono-Automatic Edition Antoine de Saint-Exupéry，搭配烟草色表盘，具备计时功能和自动上链，防磁装置。有50枚白金款、250枚红金款和1630枚不锈钢表款。表壳背面均铭刻安托万·圣艾修伯里的肖像。另外一只不对外出售的铂金款，将和首版《夜航》一起拍卖来捐赠夜航协会。

库斯托协会和万国早于2004年开始合作，2006年万国发行的库斯托潜水夫计时手表Auqatimer Chronograph "Cousteau Divers"，是和海洋环保人士一起延续库斯托发起保护自然生态的宏愿。每枚手表的表背嵌入传奇性探测船卡里普索号（Calypso）船上的一片木材，并配卡里普索号模型，再由蓝宝石玻璃覆盖。表壳直径44毫米，配以蓝色橡胶表带，焕发出浓烈的海洋气息。限量制作2500枚。

Portuguese葡萄牙万年历手表于2003年开始推出，其中的永久月相盈亏最讨人欢心。而最新款式的月相功能"展现在表盘上的小型天空剧院"，并由2个半圆形营造月亮的满盈和亏缺。红金版本加上镀金星星衬托蓝色夜空舞台，白金版本衬托灰色夜空。本款表壳直径由以前的44毫米缩减至42毫米，让佩戴者有更佳的舒适度。另一款44.2毫米口径的，其新的南北半球月相盈亏显示加入倒数日数至下一次月满显示，让佩戴者更易知道月圆时间。永久月相万年历搭配了大型机芯，月相盘拥有了更多的齿位，577.5年才会产生累计1天的误差，较一般的月相32个月就产生一天的误差相比，精准度大大提升。另外一个顶级的葡萄牙系列是三问手表：250枚红金表壳配银色表盘、250枚白金表壳配岩石灰色表盘以及100枚铂金配银色表盘，如此大的生产量在三问的历史中，绝对是史无前例的。三问的技术难度超越了其他功能，一枚三问表包括不少于250个零件的复杂机芯，制作和装配

Spitfire UTC
不锈钢，表壳口径39毫米，自动上链30710 UTC机芯，防水深度60米

Portuguese Perpetual Calendar

18K红金或白金，表壳口径44.2毫米，自动上链50612万年历机芯，比勒顿自动上链系统，南北半球月相及满月倒数显示，168小时动力贮存，防水深度30米

Pilot's Watch Double Chronograph

钛及陶瓷，表壳口径44毫米，自动上链79230追针计时机芯，防水深度60米，限量制作1000只

Pilot's Watch Chrono-Automatic Edition Antoine de Saint-Exupéry

18K红金、白金或不锈钢，表壳口径42毫米，自动上链79320计时机芯，防水深度60米，限量制作白金版50只、红金版250只及不锈钢版1630只

调试都相当复杂。这个制作量对于买家，却带来了相对摊薄成本后的实惠售价。该款式外壳口径42毫米，采用IWC 95290袋表型机芯为基础，三问装置则由IWC在20世纪90年代研制，内置按时间分配的大型共鸣箱，素质一听便知。另一只顶级功能的葡萄牙款式，是配备7天动力的50900型机芯的陀飞轮手表。白金表壳配备岩石灰色表盘，限量250枚，秒针具备掣停功能，表盘上的动力显示，以不规则设计呈现。

万国一向对推动社会公益不遗余力，去年更与成龙慈善基金合作，制作限量版葡萄牙计时自动手表，表扬基金一直为社会有需要的人士所作出的贡献，特别版更代表着希望、善意及力量。手表内置机械计时机芯，小秒针附有掣停功能，备有44小时动力贮存。18K红金表壳背面有成龙慈善基金独特“龙”的刻印。手表限量制作250只，收益将捐赠予成龙慈善基金。

Auqatimer Chronograph “Cousteau Divers”
不锈钢，表壳口径44毫米，自动上链79320计时机芯，防水深度120米，限量制作2500只

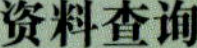

资料查询

历峰亚太有限公司

香港中环康乐广场1号怡和大厦1313室
电话:(852) 2532 7693
传真:(852) 2869 9973
网址: www.iwc.ch

国内维修服务中心

北京
北京市崇文门外大街3号新世纪北座办公楼601室
电话:(010) 6708 3227

上海
上海市淮海中路/宝庆路百富勤广场5楼
电话:(021) 6445 9955

营销网络

北京
英皇钟表赛特店
电话:(010) 6512 3653

英皇钟表国贸店
电话:(010) 6505 6186

新东安名表城
电话:(010) 6528 0067

燕莎友谊商城金源店
电话:(010) 8887 3751

上海
名表城南京西路店
电话:(021) 6272 6903

东方表行久百城市广场
电话:(021) 6288 2819

所罗门钟表珠宝金茂店
电话:(021) 5047 1605

所罗门钟表珠宝新天地店
电话:(021) 5382 7206

Portuguese Minute Repeater
铂金，18K红金或白金，表壳口径42毫米，人手上链95290三问机芯，限量制作铂金100只、红金及白金各250只

Portuguese Tourbillon Mystère
18K白金，表壳口径44.2毫米，自动上链50900陀飞轮机芯，比勒顿自动上链系统，168小时动力贮存，防水深度30米，限量制作250只

天津
亨得利钟表金河店
电话:(022) 2326 0105

广州
广州友谊商店
电话:(020) 8348 3015

沈阳
中街名表城
电话:(024) 2484 1192

重庆
英皇钟表海逸店
电话:(023) 6382 8329

贵阳
东方表行荔星店
电话:(0851) 5830 196

宁波
美和钟表珠宝行
电话:(0574) 8774 4318

大连
锦华钟表百年城店
电话:(0411) 8230 7803

锦华表行友谊商城
电话:(0411) 8265 9898 - 1066

深圳
喜运佳钟表店
电话:(0755) 2594 1112

长春
中孚世界名表珠宝行
电话:(0431) 8960 033

长沙
东方表行长沙王府井店
电话:(0731) 4892 422

郑州
东方表行裕达店
电话:(0371) 7723 020

帝舵表

一直以来，帝舵表都恪守创办时建立的传统，在造型、轮廓及线条方面都不越雷池半步，成绩稳步上扬。然而，在时移世易的时候，人们的品质和观念在变，嗜好和品位也在变。大口径手表很快地横扫表坛，就是一个例子。

经过深思熟虑，经过再三推敲，最新款的帝舵大口径手表已经面世。自此，帝舵表成功营造了完全属于自己的新风格。

帝舵自动日历表系列的改变是最为明显的。著名的条纹外圈，换成整体比较宽，条纹比较粗的新款式。它有两种主要设计，其中一款是凸出的24节条纹为抛光，凹入的24条为磨砂，有时尚但优雅的视觉效果。另一个款的条纹更粗，凸出的条纹甚至可以叫做格。它减少至12节，采磨砂处理，上面印有分钟数字，而凹入的部分

The Tudor Sports Collection

不锈钢，自动上链日历机芯，蓝色表面，防水深度150米

The Tudor Sports Collection
18K黄金配不锈钢，自动上链日历机芯，黑色表面，金钢链带，防水深度150米

The Tudor Ladies' model - Steel and Yellow Gold
18K黄金配不锈钢，自动上链日历机芯，香槟色表面，金钢链带，防水深度100米

改为抛光，印有圆点以取得平衡作用。与此同时，表面上的小时刻度也采用了块状，增加震撼力。相对旧型号来说，两款新设计都更具雄刚个性，带更强烈的动感，无疑会更受欢迎。

它的外壳，也明显地更加浑厚壮实。配合加宽的外圈，表耳及保护表冠的护圈也有了相当大比例的加强。它的侧缘更厚，但整体线条以圆润畅顺为主，使强硬的感觉得以收敛，适合不同场合佩戴。我留意到表面上继续印有“Rotor Self-winding”字样，那是帝舵表对自动上链装置的独特称谓，在最早的帝舵自动表上已经出现。继续应用这个词，代表品牌在坚持本身的传统方面毫不妥协。意义是很简单的，帝舵表可靠耐用，准确精密，以往的承诺到了新世纪也绝不改变。

看上面的分析可以想象，新的帝舵自动表已糅合了“王者”及“王子”两款表的某些设计细节，组装成横扫市场的一件重火力新武器。此新款表有不锈钢及金钢两种设计，表冠带护肩的型号有150米防水深度，无护肩的中小口径型号则是100米。在这些细节方面的悉心处理，看得出品牌已然下了工夫。

希望戴手表进行更剧烈的水上运动，那么Prince-Date Hydronaut是很适合的选择。此系列有200米的防水深度，基本上人类可以用血肉之躯参与的运动都有它的

The Tudor model - Steel and Yellow Gold
18K黄金配不锈钢，自动上链日历机芯，香槟色表面，金钢链带，防水深度100米

用场。当然，在设计的其他方面它也完善地考虑到在深水中使用的需要。可以旋转的外圈，能够准确地计算潜水时间。特强的夜光指针和刻度，得以在水底的漆黑处清楚指示。当然，钝圆流畅的线条不容易对肉体产生伤害，并且可以在日常生活中佩戴也不突兀，正好很完美地阐述了Hydronaut（海洋王子）的命名，它是“入水能游，出水能跳”的！所以，它面世之后，一直很受识货人士的欢迎。

随着大口径宽外圈自动表的面世，Hydronaut的设计也有了脱胎换骨的改变。这就是Hydronaut II。自然地，它最吸引人的便是全新设计的旋转外圈。此表圈的内环部分呈平面，自中线开始外环部分圆顺地向外缓缓倾斜。从15分钟开始的每5分钟一格的读数，清晰地刻在凹入的条格内，处理与上述的自动表是刚好相反的。同时，为了供用者计算潜水时间，它的0~14分钟一段有每分钟1格的刻度，刻在凸出的表圈前段外表，即使在过于黑暗处用指尖触摸也可以知道潜水时间，计算氧气筒的存量以及浮上水面的减压时间。光看这个外圈已经无微不至，那帝舵表被消费者拥戴是顺理成章的了。

此表的表面设计也认真考虑了使用者的需要。纯白面的型号内嵌夜光刻度，而帝舵表的新型夜光物料本身就是纯白色的，达到日常佩戴时淡素、海底深处时明亮的实用性能。另一个款式配用织格表面，有前卫和高科技结合的风格，在视觉上更感青春活力迫人。我们绝对无法否认，

The Tudor Hydronaut II
不锈钢，自动上链日历机芯，白色表面，防水深度200米

The Tudor Hydronaut II
不锈钢，自动上链日历机芯，炭灰色表面，防水深度200米

The Tudor Hydronaut
不锈钢，自动上链日历机芯，碳纤维表面，防水深度200米

帝舵表的新款式不单巩固了原本的捧场者，也会赢得更多追求青春健康时尚风格的人加入佩戴者行列。

请朋友们留意，新款式的帝舵表都醒目地用红色字眼在表面上标注了米与英尺的潜水深度数字。这样的设计，不但令整体的视觉张力加强，营造了一种睥睨众生的霸气，而且明显地为新旧设计作出区别。以后不管你对表的认识有多深，看到红色潜水数字的就是新款。

The Tudor Hydronaut

18K黄金配不锈钢，自动上链日历机芯，黑色表面，金钢链带，防水深度200米

The Tudor Prince Date - Day

18K黄金配不锈钢，条纹外圈，自动上链日历机芯，金钢链带

资料查询

Tudor Service Centre

香港中环康乐广场1号怡和大厦14楼

电话：(852) 2249 8833

传真：(852) 2810 6964

网址：www.tudorwatch.com

DEWITT

2006年年尾，DeWitt赞助《满城尽带黄金甲》电影首映，继而宣布品牌未来将在香港及亚洲地区展开庞大市场。创立这品牌的Jérôme de Witt非常爱好钟表，制作的钟表也为表坛带来惊喜。品牌未来在亚洲大展拳脚，意味着我们能欣赏更多有心而高质素的作品。

事实上，DeWitt去年的设计也相当巧心，其中，Academia及Différentiel差动上链陀飞轮赢得大众的好评。其实，近年有不少钟表大师也在苦心研究改良机械机芯的发条，希望能消除发条的力矩变化，纵然近代制作发条的材料有所改进，形状也改成S形反卷尾端，但效果亦不如理想。之后大家也纷纷研究相关改良，而品牌Academia系列Tourbillon Force Constante的出现，就震惊表坛。其中文译名为“均衡动能陀飞轮”，意即在传统的四轮和擒纵轮之间加入一组传动装置，即由一组传动轮、一个带两组不同的配比传动率的传动齿轮轴和同轴心运作的传动贮能平衡摆轮、一组传动发条构成。当动力从四轮传动过来后，一个传动齿轮将能量通过发条和平衡摆轮的工作，将不平衡的力矩贮存转换为相对平衡的力矩，同轴的另一组齿轮每10秒1次将平衡的能量传动至五轮，再由五轮传输给擒纵轮，继而以平衡的能量驱动擒纵系统。

此结构还提供了超强的可视性。这组传动装置可以通过表盘上的视窗观察到四截体贮能摆轮的运作，四截体摆轮每分钟转动6次，其视觉冲击力并不亚于陀飞轮本身。特别留意的是，这机芯的摆轮并非普通的光摆或螺丝摆，而是DeWitt独家研制的双截断配重摆。这种截断模式在古怀表时候出现过类似的设计，其优点在于创造更好的平衡模式。4个摆臂位置配备了4个配重砝码，用于微调作用。此外，这特殊力学结构的擒纵轮和侧位杠杆擒纵，提供更完美的传动比例和额外的稳固性及美观性。

Tourbillon Force Constante的零件全由手工抛光打磨倒角。机芯编号DW8003，直径30毫米，厚7.8毫米，摆频21600次/小时，饰以日内瓦条纹，26石，外壳外圈有“皇家之柱”的装饰，是DeWitt Academia系列的经典造型，表壳侧面也由相符风格组成。防水深度30米，表壳以PT 950铂金制作，直径43毫米，整体厚度12毫米，限量 25只。

除此之外，Academia系列复杂功能手表也相当出

Tourbillon Force Constante Academia

铂金，表壳口径43毫米，人手上链DW8003陀飞轮机芯，防水深度30米，72小时动力贮存，限量制作25只

La Répétition Academia
18K红金，人手上链DW8801三问机芯，防水深度30米，鳄鱼皮表带连18K红金折叠扣，限量制作50只

众，其中的La Répétition Academia的三问款式就是系列中的杰作。三问的拨动按键和Academia式表壳完美地设计在一起。这个装置隐藏在表侧9时至10时位置，从正面看，我们就看不到传统的那只鲨鱼鳍。整表由红金制成，9时位置提供能量指示，半开放式的表盘设计，可让优秀制作打磨的DW8801机芯显露无遗。红金版限量50只，另备50只白金款式可选择。

Quantième Perpètuel Academia Sport逆跳万年历手表外形出众，表盘左边的星期指示和右边的日期指示均设计成飞返结构。月份指示和闰年则同轴显示于12时处。该机芯编号DW7002。此外，万年历的表盘部分由黄色KEVLAR碳纤维制成，这种材料的强度是钢材料5倍，而表壳由钛合金制作，限量50只。另有红金和钛合金相间版，视觉效果更加突出，限量50只。

DeWitt于2005年凭借Tourbillon Différentiel差动上链陀飞轮获得“日内瓦创新科技奖”，这枚编号DW8002的机芯配备了3个可以快速上链的联动装置，上链效率可以提高$^{2}/_{3}$，贮能达到120小时。这个经典之作在前款上

Quantième Perpètuel Academia Sport

钛、红金及橡胶，表壳口径43毫米，厚度12毫米，自动上链DW7002飞返万年历机芯，防水深度30米，橡胶表带连钛折叠扣，限量制作各50只

Tourbillon Différentiel Rainbow Spirit Academia

钛、红金及橡胶，表壳口径43毫米，表壳及表冠镶有357颗七彩Garnet宝石，人手上链DW8002差动上链陀飞轮机芯，120小时动力贮存，防水深度30米，限量制作各25只

加以设计，配备了红金、黑色橡胶和钛合金相间的外壳。Tourbillon Différentiel Rainbow Spirit Academia的外圈和表壳上分别镶嵌了30颗和327颗七彩Garnet宝石。Garnet七彩宝石历来被誉为幸运宝石，此款式限量25只。另推出彩色面的Tourbillon Différentiel，红色及粉色表盘配备红金、钛合金和橡胶表壳；蓝色表盘配备白金、钛合金和橡胶表壳，各自限量 25只。

为迎合个性活跃好动的爱表之士，DeWitt推出了由红金、黑色橡胶和钛合金组成表壳的Chronographe Séquentiel Sport Academia计时表款，其中黑白表盘限量999只，黄绿表盘和红白表盘限量分别为99只。款式配备相同色泽的橡胶带。

Chronographe Séquentiel Sport Academia

钛、红金及橡胶，表壳口径43毫米，自动上链ETA7753计时机芯，48小时动力贮存，防水深度30米，限量制作各999只

Tourbillon Mystérieux Haute Joaillerie Academia

18K红金，表壳及表冠镶有共重21.62克拉的橙色宝石，人手上链DW8001陀飞轮机芯，110小时动力贮存，防水深度30米，鳄鱼皮表带连18K红金镶橙色宝石折叠扣，限量制作11只

资料查询

DeWitt Asia Pacific

香港中环遮打道16-20号历山大厦1709室
电话：(852) 2836 6607
传真：(852) 2836 6160
网址：www.dewitt.ch

Gērald Genta

尊达

Octo 48 - Month Perpetual Calendar

18K红金或白金，18K金表面，自动上链GG 7080万年历机芯，防水深度100米

Octo Black Spirit

铂金，表壳口径42.5毫米，钽外圈，18K白金表面镶有共重1克拉的22颗黑色蓝宝石及重0.51克拉的14颗红宝石，自动上链GG 9051陀飞轮飞返机芯，防水深度100米

1969年，尊达Gērald Genta手表首次问世，生于反叛及追求创意的年代，品牌一直追求前卫美学，从不限制制作上的领域，所制作的手表总给人无限惊喜。Octo系列的表壳设计以八角形的Success为基础，在直线的轮廓内融合弧线，表盘上的几何图形都还是能与多角的表壳呼应，展现和谐的美感。加上别具心思的颜色配搭，令表盘上的设计更是丰富。系列中的具48个月指示的万年历手表这一新作，以18K红金或白金制造，在实金表面上，3时位的八角形小表盘由2个同心的八角形组成，外面显示48个月的万年历的刻度，内里则是闰年显示，12时的小表盘由上下2组共4个红色及黑色的圆形组成，分别指示北半球及南半球的月相盈亏，外围有北斗七星及时钟星座指示。6时及9时的小表盘分别为日历及星期显示。仔细看整个表面的设计，红色或黑色及表壳颜色相间的太阳放射纹以小表盘为起点照射向表面的每一个角落，震撼视觉观感。磨砂的表圈上的圆点小时刻度，条纹雕刻的表面上，先以抛光的金属细线分隔刻度的相应部分，之后填上光漆。自动上链GG 7080机芯，备有45小时动力贮存，18K金中央摆陀上刻有与表面相符的图案。表带采用黑色人手缝制皮带连折叠扣，珠粒状的表冠饰有凸圆形鹰眼石，透明蓝宝石玻璃表底盖内面抗反光，以8颗五角螺丝锁紧，确保深达100米的防水能力。

系列另一枚Octo Black Spirit，是结合宝石、招牌飞返显示及陀飞轮的复杂手表。在42.5毫米的八角形铂金表壳上，其钽表圈备有飞返小时刻度。飞返小时指针只转动240度，这样的话，就不会妨碍6时位置的陀飞轮相交叉，分针则是按正常的360度全圆运行的。陀飞轮旋转框架由85个配件组成，仅重0.3克，相当轻巧。而18K白金表面设计分成2层，底部饰以拉丝打磨处理，上面镶嵌宝石的部分则以抛光处理，利用22颗黑色宝石及14颗红宝石，红黑相间地铺在表面上，以尊达的Rouge et noir色泽对比，交织出华贵的光芒。自家制作的GG 9051自动上链机芯特别采用arcap合金制成，好处在于可保证手表的机械操作准确无误。倒角打磨的主基板和夹板也经特别

Arena Chrono Quattro Retro

18K白金，表壳口径45毫米，钽外圈，自动上链GG 7800计时飞返跳时机芯，防水深度100米

Octo Chrono Quattro Retro

18K红金，表壳口径44.5毫米，18K金表面，自动上链GG 7800计时飞返跳时机芯，防水深度100米

Arena Bi-Retro

钛，表壳口径45毫米，自动上链GG 7723飞返跳时机芯，防水深度100米

处理，并有出色的防锈效果。在透明蓝宝石表背下，可看到经黑金电镀的机芯运作。手表配搭人手缝制皮带连折叠扣，64小时动力贮存，防水深度100米。

此外，Octo系列亦推出Chrono Quattro Retro逆跳四刻盘计时码表，具有跳时、分针及日期逆跳功能，更结合罕见的效能及宏丽外观。其手表外形设计与Arena系列的Chrono Quattro Retro相似，6时位置为单一飞返指针的日历指示，3时及9时位分别是30分钟及12小时扇形飞返计时盘，表面上方是黑白相间刻度的飞返分钟及红色跳时窗。44.5毫米的表壳及八角形的表面均以18K红金制成，并以精细的工艺雕凿出抛光的金属细线，后于相应的部位镶涂上光漆。GG7800自动上链机芯，37石，摆频21600次/小时，45小时动力贮存，防水深度100米，配搭真皮表带。Arena Chrono Quattro Retro更新增了白金表壳配铂金属表圈版本，表面缀以数层贴花，令手表更有层次感。

Arena Bi-Retro Gold
18K白金，表壳口径45毫米，钽外圈，自动上链GG 7724飞返跳时机芯，防水深度100米，真皮表带

Arena Bi-Retro Serti
钛，表壳口径45毫米，18K白金外圈镶有共重0.74克拉的76颗红宝石，表面镶有共重0.13克拉的28颗钻石及共重0.41克拉的99颗红宝石，自动上链GG 7723飞返跳时机芯，防水深度100米

Arena系列中，Sport Bi-Retro表现出动感气息。手表增加钛金属表壳可选择不同颜色的橡胶表带、黑色真皮表带或钛金属链带；至于珠宝款式，表面镶有共重0.13克拉的28颗钻石及共重0.74克拉的76颗红宝石，配合黑银两色相间的表面及橡胶表带；Bi-Retro Gold则采用白金表壳，配充满现代感的放射状幼纹表面。

除了华贵的款式，尊达加入了可爱精致的卡通手表。继赛车手的设计后，Fantasy系列Aviator手表表面有着活力十足的米奇飞行员，多层次的结构中，外围像钉满铆钉的驾驶舱，中间部分有喷射引擎的叶片装饰。米奇一身机师的打扮，左臂化成飞返分针，与9时位置的跳时视窗相对。附加的表冠护肩，为手表增加另一个设计特色。搭配啡色皮带或黑色橡胶表带，可选择配黑色橡胶外圈。系列另一款手表Fantasy Twister采用Solo系列的全新酒桶形表壳，备有跳时及飞返分钟功能，前者以跳字视窗显示，后者以一支指针代劳。表面的构图十分风趣，米奇慌忙地躲避龙卷风，令人会心微笑。另备表壳及表面镶钻款式。

Fantasy Racing

不锈钢，表壳口径41毫米，自动上链GG7510飞返跳时机芯，防水深度30米

Fantasy Twister

不锈钢，表壳尺寸31.5毫米x 37.3毫米，自动上链GG7502飞返跳时机芯，防水深度30米

资料查询

The Hour Glass (HK) Ltd.

九龙尖沙咀梳士巴利道3号星光行1416室
电话：(852) 2375 8280
传真：(852) 2375 8285
网址：www.geraldgenta.com

DANIEL ROTH

丹尼诺夫

Daniel Roth的复杂功能手表，在制作上相当出色，说到其令人瞩目的作品，不能不说专门制作的复杂手表Instantaneous Perpetual Calendar，自2003年推出世上首枚瞬换转移日期万年历表后，就引起表迷的兴趣。这款手表装有DR 114自动上链万年历机芯，星期、日历、月份及闰年以3个小针盘显示。品牌独力研发的“瞬间快跳”装置，可在0时0分一起跳换，比起一般万年历需以几小时转换日期显示更胜一筹。要达到这个效果，关键在于装嵌机芯时，机件的弹性经过精密计算，以确保拉力平均，当调杆松脱时，所有数值就能即时转换。弹力杆装有提供弹性的弹簧，并镶嵌1颗宝石避免摩擦，令元件流畅运行。红宝石会触动心形挡板，到达尖端时会启动相关部件，凸轮会忽然松脱，令控制杆运动控制指针。单要安装调校就要用上2周的时间，每年只能制作20枚。手表设计加入自己厂房制作的镂空表面及镂雕罗马数字面盘，可清楚看见镶有27颗红宝石的镀金机芯，前面有旭日形的扭索图案，后面则刻有日内瓦饰纹。长41毫米的双椭圆形表壳分白金、红金及铂金3个款式，可选配表圈镶以2排共168颗共重0.84克拉的钻石，机芯摆频28800次/小时，具45小时动力贮存功能，防水深度30米。

品牌Master系列还推出多款手表，其中的自动上链万年历计时码表是现时流行的款式。手表采用F Piguet自动机芯改装而成的Cal DR 207，超大的数字时标，数字中间有一秒钟环拦腰而过，计时单位可准确至0.1秒。3时位置有月份针及30分钟计时针，以及闰年排序、6时位置的小针盘具日历针及秒针，9时位置的小针盘具星期指针及12小时计时针，“一盘多用”增加手表功能性，也不会阻碍阅读时间。手表还有设于12时处的月相窗，并有铂金及红金款式。

此外，系列当中包括：双椭圆形三问表、陀飞轮万年历逆跳日期功能表、陀飞轮8天动力贮存表、陀飞轮日期逆跳功能表、万年历时间等式表，给表迷带来更多的选择。

Athys II比起复杂手表简洁得多，但第一眼看见此表，就被手表的外形及9时位置的秒针盘吸引着。事实上，其制作却一点也不简单。独特的双椭圆形表壳做工精细，完美的抛光处理突出角度的线条；手表配备原创于

Instantaneous Perpetual Calendar

铂金、18K红金或白金，表壳口径41毫米，自动上链DR114万年历机芯，防水深度30米，鳄鱼皮表带，备有镶钻版供选择

Metropolitan Dual Time

铂金、18K红金或白金，表壳口径41毫米，自动上链DR116两地时间机芯，防水深度30米，鳄鱼皮表带连18K金折叠扣

1950年代的顶级人手上链F Piguet超薄怀表机芯，现将游丝及活动栓座的连接点加以改动，怀表的两方位校正及为天文台级别的五方位校正，并定名为Cal DR206自家手动上链机芯，有20石，夹板以日内瓦条纹装饰，特制的人手倒角螺丝以拉丝处理表面，透过蓝宝石水晶表背可欣赏机芯的细致工艺。阿拉伯数字分钟刻度与罗马数字时标重叠起来，增加手表的美感及易读性。品牌特有的三叉戟秒针长度不一，并以120度平均分隔，清楚指示时间。备有43小时动力贮存及防水深度30米的功能，有18K红金或白金表款以供选择。

Metropolitan Dual Time两地时间表为经常往来异地的人士带来更多的方便。最新表款采用GP3100自行机

Athys II

18K红金或白金，表壳口径41 x 43毫米，人手上链DR206机芯，防水深度30米，鳄鱼皮表带连18K金表扣

芯改良成DR116机芯，前方搭载了设有8颗红宝石的DR M022附加模件，令整体操作更为突出。巴黎钉头细方格雕花表面，上有特大的罗马数字时标。中央部分有4个小窗，用作指示第二时区的AM/PM，当地时间夏令/冬令选择。4时位置的按钮用作时区转换。透过透明表背，可欣赏夹板的日内瓦条纹、基板上的圆点珍珠花、红宝石以及人手锉平及磨光的红宝石洞眼。机芯共有26石、摆频28800次/小时、45小时动力贮存，备有红金、白金及铂金3个款式，可配选折叠扣的鳄鱼皮表带或链带。

Datomax特大日期显示手表虽没有复杂功能，它的易

Datomax

铂金、18K红金或白金，表壳口径41 x 38毫米，自动上链DR206机芯，防水深度30米，鳄鱼皮表带或18K金链带

Perpetual Calendar Chronograph

18K红金配158颗共重1.42克拉钻石或铂金，自动上链DR207万年历计时机芯，防水深度30米

读性成为吸引之处。其12时位日历视窗，两位数字间没有分割线增加视觉美感。因为小口径机芯的缘故，小秒针盘要稍为向上提升，与小时圆环平衡，形成一个“八”字，加上罗马数字5、6、7小时时标用另一种颜色显示，成为手表的特别设计。

特别注意的是，Daniel Roth确定了新的区别设计，凡使用蓝色数字时标的均为铂金表壳，强调这昂贵金属的地位，给表迷一个很好的指引。

资料查询

Daniel Roth

香港九龙尖沙咀梳士巴利道3号星光行1416室
电话：(852) 2375 8280
传真：(852) 2375 8285
网址：www.danielroth.com

海瑞温斯顿

有“钻石之王”之称的Harry Winston，不单致力于制造最耀眼的钻石首饰，近10多年，Harry Winston特地设立独立的制表部门，以制作更卓越的手表。2000年开始，品牌与不同独立制表大师合作，设计出Opus系列。2003年推出的Opus 3更获得由日内瓦钟表大奖颁奖典礼 (Geneva Horology Grand Prix Ceremony)颁发的《技术发明及复杂手表》大奖，可见品牌的制作技术已被认同。Opus系列推出至第6年，依旧是每年巴塞尔大展的话题。限量生产6枚的Opus 6，是品牌与Greubel Forsey的智慧结晶，采用制作精湛完美的“Emotion 30”机芯。

“Emotion 30”机芯的特别之处，在于其倾斜30度的双体陀飞轮装置，依旧能让摆轮恒久地在各个位置均匀摆动，为手表提供极高精准度。表盘上除了看到陀飞轮装置和显示时、分、秒的3个圆形显示盘能够被看见，其余的齿轮件都在视觉上隐藏起来。此外，双体陀飞轮不受齿轮轮系束缚，脱离机芯中位于上层的部件，摆轮因而可自己“悬空”摆动，感觉简洁。而陀飞轮本是用来抵消地心引力造成零件运作上的偏差效应，这双体陀飞轮的结构独特，令第2个陀飞轮框架与第1个成30度倾斜，而较大的陀飞轮框架每4分钟旋转一圈，加护摆轮的转动并加以修正，避免因地心引力而某一位置停留过久，

Opus 6
18K白金，“Emotion 30”双体陀飞轮机芯，72小时动力贮存，限量制作6只

Project Z3 Tourbillon Sports

锆合金，表壳口径44毫米，自动上链HW401A陀飞轮机芯，110小时动力贮存，防水深度100米，另备Vintage款式，每款限量50只

无论手腕如何活动，摆轮都可维持理想位置。此机芯特别制作的锥形齿轮，由齿轮与小齿组成，以确保陀飞轮能够精确传动。小齿轮不断运转，来自双发条鼓的动力为机芯提供足够能量，保持高精密度，动力贮存达72小时。

Opus 6以Ocean海洋式表壳配合"Emotion 30"机芯、不同层次的内部组件与显示盘以凸显机芯：双体陀飞轮装置位于机芯夹板之上；第2行是位于11时的小秒针计数窗；第3层是位于2时处设置时针与分针2个同轴显示碟的显示窗，整体上融合得很完美。此外，您可在时钟及分钟显示盘上方看到"6"字，这数字蕴含三重意义：这是第6款Opus手表；又是2006年的作品；只会生产6枚，更显弥足珍贵。此外，手表的时间显示盘区域以缎面装饰，深蓝色的夹板、经磨砂处理的桥位，加工极其细致。红色的时、分、秒指示盘，与白金表圈形成鲜明的色彩对比，而双体陀飞轮框架的横桥支柱采用拱形设计，与3时位的拱形设计提供保护表冠的作用，贯彻整体匠心的设计。

品牌延续2004年Project Z1计时自动表的成功，全新的Project Z3 Tourbillon陀飞轮自动表，品牌与德国著名独立钟表制作人P. Speake-Martin联合开发，并沿用Project Z1锆合金制作，更有长达110小时的动力贮存，表面的上方是时分小表盘，以蓝色阿拉伯数字作小时标记。而下方则是陀飞轮，中央设小秒针，旋转框架有类似大八件机芯摆轮的3个斧头装饰，背面的摆陀秉承Z1风格的镂空"Z"字样，而蓝基板上可看到抛光处理的陀飞轮箭头横桥，手

Ocean Chronograph

白金、红金或镶有6.65克拉钻石，表壳口径44毫米，自动上链HW2831计时机芯，防水深度100米

Ocean Lady Biretro
白金，镶嵌186颗钻石或36颗钻石，表壳口径36毫米， GP 3106自动机芯，防水深度100米

Avenue Lady Mechanic
18K白金，表壳尺寸36毫米 x 21毫米，镶有2.32克拉钻石配珠贝表盘或镶有6.94克拉满天星钻石表盘，人手上链FP 610机械机芯，防水深度30米，镶有共14.62克拉的18K白金镶钻链带或手缝鳄鱼皮表带配18K白金折叠扣

工细致。备有Sports及Vintage款式，各限量50枚。同具Project Z1风格的Ocean Chronograph三飞返计时表，以锆合金制作，特别的是手表的后备齿轮，确保每个齿轮槽口准确地配合每个轮列，令时间更为精确。留意一下秒针计时弧位下的一颗小蓝星，转动时可透出内里的机芯。备有红金及白金表壳供选择。

品牌再作突破，首次推出2个系列的女表机械款式，Ocean Lady Biretro在外壳及表面镶嵌186颗美钻，由GP 3106自动机芯推动，飞返秒针及星期指针各据左右，12时的偏心时分盘鼎立于珠贝表面。另备运动风格的“粉红”表款，白金表壳镶嵌共0.12克拉的36颗钻石搭配粉红橡胶表带；Avenue Lady Mechanic系列均是长方形手表，镶有闪闪生辉的钻石表壳及表盘，上有3、6、9及12的阿拉伯数字小时时标，手表采用人手上链FP610机芯，从透明蓝宝石表背可看到机芯的结构。配白金镶钻链带或手缝鳄鱼皮表带折叠扣，予人高贵优雅之感。

Westminster Tourbillon
红金，表壳口径45毫米，人手上链悬浮陀飞轮及西敏寺钟乐机芯，70小时动力贮存，防水深度30米，8只限量红金版及1只镶钻版

Avenue Bangle Ebony

18K白金，表壳镶有36颗共重1.65克拉的钻石，乌木表面，石英机芯，防水深度30米，乌木手镯镶有7颗共重0.28克拉的钻石

Marquesa Diamonds Drop

铂金，表圈镶有38颗共重7.84克拉的钻石，表面镶有115颗共重0.99克拉的钻石，石英机芯，防水深度30米，铂金链带镶有116颗圆钻、26颗榄形钻及26颗梨形钻，分别共重18.92、11.34及7.75克拉

说到要看品牌钻石手表的真功夫，大家就不能错过Avenue系列新作Avenue Bangle Ebony手镯式手表，制表大师尝试以乌木做腕饰，乌木相当坚硬，要切割及打磨出均匀细致的纹理，实是一项挑战。设计以一个钉销对2片搭扣链固定，再借一条白金细链将钉销连接到手镯上。看似硬朗的乌木，配上柔婉的搭扣，就能透出丝丝的女性美。此外， Harry Winston Marquesa顶级珠宝系列中，Marquesa Diamonds Drop舞碟“钻滴”体现品牌对钻石的重视。梨形表壳镶嵌38颗共7.84克拉的圆钻，手镯的3排圆钻间，缀以多朵由共115颗马眼钻（共0.99克拉）组成的4瓣花。手表可一物两用，只需轻轻一个动作就能把表壳解下而变成手镯，表壳可任意悬挂在其中一条表链上，其制作精美巧妙。

资料查询

华嘉（香港）有限公司

香港黄竹坑业兴街11号南汇广场A座23楼
电话：(852) 2880 9808
传真：(852) 2880 9009
网址：www.harry-winston.com

Harry Winston专为纪念英国伦敦品牌专门店的落成，而推出Harry Winston Ocean系列特别版Westminster Tourbillon西敏寺钟乐陀飞轮手表，教堂钟乐簧条以山特维克（Sandvik）为质材，机芯比一般长2倍，所制出的4种不同刻钟音乐，就发出上佳的共鸣效果；现时世上仅有数位工艺师能制作西敏寺教堂钟乐问表，令手表更为罕贵。无表盘设计让表迷直接欣赏机芯主机板、齿轮系及悬空陀飞轮的运作，以及锤敲响钟乐簧条的过程。手表备有70小时动力贮存，另配专门橡木瘤纹首饰盒，盒盖上刻有第一刻钟报时旋律音符，现推出8枚限量红金版及1枚镶钻版。

ROGER DUBUIS

豪爵表

认识帝雅士先生（Mr. Carlos Dias）已久，一直认为他是表坛的一代枭雄。唯有枭雄，才能在瞬间做出举世瞩目的大事。果然，自从他成为总裁以来，豪爵表这两三年来的新表令人拍案叫绝，突破以往的局限，制成了在复杂功能上、在整体构造上都扬威立万的作品。豪爵还加入了自制机芯的尊贵行列，一年内发行5枚让人惊叹的高质量机芯：RD05、RD09、RD77、RD78和RD79，都有日内瓦印记的加持，诚是实力的象征。再举一例：2006年11月，其Excalibur红金三地时间手表荣获Geneva Watchmaking Grand Prix颁授最美丽男装表大奖（the most beautiful Men's Watch Prize），成就深得业内认同。

新款的红金表壳三地时间手表Excalibur，是十分出色的设计。表面上，左右两边有不同色泽的12小时异地时间针盘，中央另有日夜指针，旁边是同色的时区城市名字，清晰易读。表冠两边的直接调校按钮，按出所需城市名字便可指示该时区时间，方便易用。此表搭配豪爵RD1448自动机芯及豪爵浮雕刻折叠表扣，限量28只，防水深度30米。

Excalibur - Three Time Zones
18K红金，表壳口径45毫米，自动上链RD1448三地时间机芯，防水深度30米，鳄鱼皮表带连18K红金折叠扣，限量制作28只

此外，豪爵GoldenSquare陀飞轮表外壳由方形钛合金制作，尺寸37毫米，罕见的黑金立体方格表面上，白色的罗马数字时标以垂直方式排列，中轴的2支指针同样是白色，与黑色的表面构成强烈对比，清晰夺目。自家制作RD09人手上链机芯，浮动陀飞轮置在6时位，上有弯曲的蓝钢秒针。手工制作的鳄鱼皮表带有透气小孔，在炎热的天气仍能确保佩戴者的舒适。此表装上透明蓝宝表背，防水深度30米，白金RD型折叠扣，限量280枚。此表还备华贵的白金镶钻版本，限量28枚。同样配RD09机芯的，还有限量28枚的红金Muchmore。

EasyDiver K10由2005年纪念豪爵10周年的款式延续发行，并摇身一变成为万众瞩目的陀飞轮。选用自家制作的RD05人手上链浮动陀飞轮机芯，表壳由不锈钢和钛合金制作，口径48毫米，有立体数字旋转外圈。蓝色碳纤维编织纹表面上，浮动陀飞轮置在7时位置上，上有弯曲的蓝钢秒针，3时位有银色K10 Tourbillon字样，6颗圆形红色立体小时刻度格外抢眼。表背以透明蓝宝石玻璃处理，配黑色天然橡胶表带连白金RD型折叠扣，防水深度300米，限量280枚。

TooMuch推出的珠宝女表，共有2个型号。其一表壳口径26毫米，白金的表壳和链带满布钻石镶嵌，表面为白色贝母，心及泪滴部分镶嵌红宝石，镶嵌钻石的特大阿拉伯数字3及9填满表面两边，红金上方是豪爵的品牌商标。另一款也是白色贝母面，镶嵌红宝石的红心与两旁的镶钻特大阿拉伯数字3及9相融合，心下的泪滴不见了，与上方的品牌商标一起被粗字体的Twelve及Six取代，品牌商标则移到表面的4个角落。TooMuch内部采用RD86型石英机芯，蓝钢指针显示小时及分钟，整体防水深度30米，限量制作888枚。

45毫米口径的分钟飞返双陀飞轮款式曾经在日内瓦引起哄动，近作则在背面增加了新的能量指示功能。表背雕刻以连续RD字样。本款采用RD01手动机芯，50石，62小时能量贮存，依然限量28只。

GoldenSquare Tourbillon

钛，表壳口径37毫米，人手上链RD09陀飞轮机芯，日内瓦印记，防水深度30米，鳄鱼皮表带连18K白金折叠扣，限量制作280只

采用了马球题材的限量微绘珐琅表，是年内的1个亮

GoldenSquare Tourbillon
18K白金，表壳口径37毫米，表壳及表面镶钻，人手上链RD09陀飞轮机芯，日内瓦印记，防水深度30米，鳄鱼皮表带连18K白金折叠扣，限量制作28只

MuchMore Tourbillon
18K红金，表壳口径34毫米，人手上链RD09陀飞轮机芯，日内瓦印记，防水深度30米，鳄鱼皮表带连18K红金折叠扣，限量制作28只

EasyDiver K10 Tourbillon
不锈钢及钛，表壳口径48毫米，人手上链RD05陀飞轮机芯，日内瓦印记，防水深度300米，橡胶表带连18K白金折叠扣，限量制作280只

点。画工细腻的珐琅图案，令人不禁联想起在明朗的蓝天白云下，全副装备、斗志高昂的球员骑着精神抖擞的骏马，在绿色草地上挥动球杆相互追逐的热闹场面。这两款优秀的红金珐琅表，在豪爵历年精品中占据重要的一席。

豪爵新设计的商标也值得一提。这个由4组“RD”字母组成的标志很有东方传统韵味，豪爵把它制作在表面上，配上方格的白色贝母或纯白色表面，既传统又神秘。

TooMuch

18K白金，表壳口径26毫米，表壳及表面镶钻石及红宝石，RD86石英机芯，18K白金镶钻链带，限量制作888只

Excalibur Tourbillon

18K白金，表壳口径45毫米，人手上链RD01双陀飞轮飞返机芯，日内瓦印记，鳄鱼皮表带连18K白金折叠扣，限量制作28只

资料查询

香港专卖店

香港金钟道88号太古广场3楼330号店
电话：(852) 2918 9368
传真：(852) 2918 0368
网址：www.rogerdubuis.com

浪琴表
LONGINES®

浪琴表

自1832年创立以来，浪琴表一直以优雅的设计和卓越工艺享负盛名。深厚的根基所维系的，是品牌不朽的精神，以及精益求精的创作动力。今年浪琴将目光放在Clous de Paris装饰，推出以之为名的手表系列。这组翻查高级手表资料时常见的法文字，按意思直译就是“巴黎钉头”。它是一种金字塔式的格子设计，融合工整的几何及细致的立体感，首先盛行于中世纪年代的建筑及装饰艺术，几个世纪后为法国珠宝商采用，到了手表年代，更成为时计上常见的装饰。

以往使用巴黎钉头的手表设计者，多将之放在次要的位置，点缀整体设计。但浪琴却另有想法，将巴黎钉头铺满表壳外缘及整块表面，带来全新的观感刺激和不一样的质感。当手指轻轻溜过独特的金字塔形图案表面，表壳上产生的光暗折射，将一切目光吸引过来。这个系列备有计时表、动力贮存及大三针3个款式，它们都装配自动上链的机械机芯，前两者更用上16½法分（约36.85毫米）的怀表口径机芯，不单提高稳定性，更令它们的大尺寸显得名副其实。大三针形号有40及36毫米2种尺码，共提供4种选择。它们都选用不锈钢表壳，表面有阿拉伯数字“12”及条状刻度、叶形蓝钢指针及倾斜内圈上的分钟标记。透明蓝宝石水晶表底，让浪琴的优秀制表工艺尽情展露。鳄鱼皮表带有蜜糖色及深蓝色2种选择，配三重折叠表扣，华丽又实用。各款式都备有30米的防水能力，足够应付日常生活所需。

优雅而前卫，严谨而创新，对着重美学设计及崇尚品位生活的人来说，20世纪的20年代，是令人神往的黄金岁月。浪琴2006年度2个主要的复古系列，就是向这个年代致敬。BelleArti是浪琴对女性魅力和优雅气质的独特演绎，它的外形沿袭了一款1929年制造，现时收藏在浪琴自家博物馆的手表。拱形的表壳，突破了手表非圆即方的框框，表壳的曲线和工整的几何图案装饰，形成有趣的对比，至于在表壳边缘镶上钻石，则是取悦女士们最简单直接的方式了。BelleArti女装表以18K红金或不锈钢造壳，前者有女装及中装2个尺寸，分别是19毫米 x 36.85毫米及24.6毫米 x 49.2毫米，后者则再加上15.9毫米 x 31.5毫米的迷你装。除了迷你装是两针指示外，其余都在6时位置设有小三针显示。表面有黑色及白色2种选择，配古雅的阿拉伯数字小时刻度及教堂型指针。镶钻

Clous de Paris - Chronograph
不锈钢，表壳口径44毫米，自动上链L696计时机芯，防水深度30米

Clous de Paris - Automatic
不锈钢，表壳口径40或36毫米，自动上链L619机芯，防水深度30米

的款式，按表壳大小分别镶有30、34及42颗共重0.126至0.548克拉的上品韦尔塞顿美钻。当然，优雅的气质及钻石的光芒，并不只是女性的追求，所以BelleArti亦备有27.3毫米 x 54.6毫米的男装款式，跟女装一样使用石英机芯。

另一款设计灵感同样取材自1920年代的款式，是Longines Spirit。名字蕴含的是品牌一直坚持的探索及领先精神，而透过宽宏大度的枕形表壳，这种独特精神得到最贴切的表达。以微曲方形的表壳，配衬圆形的表面，这个当年大胆前卫的设计，经历了时间的洗练，在新世纪仍然散发不凡魅力，令随波逐流的平庸设计黯然失色。表底印有1889年的滴漏飞翼商标，上方刻EFCo字样，向浪琴的创立者Ernest Francillon致敬。Longines Spirit有大三针日历女装机械及石英，男装大三针日历及计时表等型

BelleArti - Intermediate Ladies & Gents
不锈钢，表壳口径24.6毫米 x 49.2毫米或27.3毫米 x 54.6毫米，石英机芯，防水深度30米；备镶钻及18K红金款式；Intermediate Ladies另备人手上链机芯特别版

Clous de Paris - Power Reserve
不锈钢，表壳口径42毫米，自动上链L693机芯，动力贮存显示，防水深度30米

BelleArti - Mini & Ladies

18K红金或不锈钢，表壳口径15.9毫米 x 31.5毫米或19毫米 x 36.85毫米，石英机芯，防水深度30米；备镶钻款式

Longines Spirit - Men

不锈钢，表壳口径40.5毫米，自动上链L651计时机芯，防水深度50米；另有36毫米大三针款式，配自动上链L619机芯，防水深度30米

Longines Spirit - Ladies
不锈钢，表壳口径31毫米或26.5毫米，自动上链L595或石英机芯，防水深度30米

Lindbergh Hour Angle
不锈钢，表壳口径47.5毫米，自动上链L699机芯，防水深度30米

号。后两者的口径分别是36毫米及40.5毫米，十分适合日常使用。除了女装石英型号外，其余款式都选用备有42小时动力贮存的自动上链机芯。黑色或白色表面上，复古的阿拉伯数字刻度及镂空的梨形指针涂上啡色的夜光颜料，不论在白天还是黑夜，都显得清晰醒目。计时表是两盘设计，3时及9时分别设有小三针及30分钟累计针盘，加上6时位的日历窗，简洁而具平衡美。Longines Spirit的表壳以不锈钢造成，可选配不锈钢链带或咖啡色鳄鱼皮带。

林白时角表，是浪琴最为人熟悉的经典。查理·林白完成了他的横越大西洋飞行壮举后，构思出Hour Angle导航手表，并由浪琴将之付诸现实。经过逾3/4世纪，浪琴再次推出林白时角表的复刻版。在保留著名的47.5毫米特大口径之余，为它配上新的L699自动上链机芯。它的尺寸是16½法分（约36.85毫米），24石，摆频28800次/小时，备有比林白从纽约飞抵巴黎33个半小时的旅程更长的42小时动力贮存。可揭式表背下是透明蓝

Les Elégantes de Longines
18K白金，表壳镶有56、24或44颗（左起）分别共重1.5、0.51或0.69克拉的钻石，人手上链L805机芯，各款限量制作20只

Evidenza -（左起）Moon Phases、Double-aperture Calendar及Power Reserve，均采用不锈钢，防水深度30米

宝水晶，机芯的灵巧转动一览无余。

除了林白，浪琴还复刻了Les Elégantes三款1928年至1931年创造的女装钻石手表，每款仅限量20枚。在18K白金表壳内跃动的，是20世纪70年代浪琴自产的L805人手上链机芯。长方或酒桶形的造型，将20世纪的璀璨风华，在21世纪再次展露。

浪琴又运用其愈见成熟的制表功力，把2003年面世的酒桶形Evidenza系列加入了复杂功能，包括三历月相、动力贮存和双窗日历显示3款设计；另备男女装镶钻款式。

资料查询

The Swatch Group (HK) Ltd.

香港北角电器道169号宏利保险中心40楼
电话：(852)2510 5100
传真：(852)2806 3104
网址：www.longines.com

真利时

真利时拥有2枚闻名且高素质的自产机芯：El Primero及Elite，这为掌舵人纳塔夫先生的创意和热情找到最强劲的后盾。从突破传统美学的设计，到一步步发展更复杂的功能，都令人对脱胎换骨后的真利时刮目相看。

Defy这个名字的背后，带着双重意义。首先，正如它的意思所指，新系列以大胆的设计、创新的技术和前卫的风格向传统运动表作出最严厉的挑战；另一方面，Defy也是20世纪70年代真利时一个手表系列的名字，真利时一直坚持机械机芯的创作，而20世纪70年代正是瑞士传统制表业的黑暗年代，敢于以Defy作为新系列的名字，可见真利时已经完全摆脱旧时代的影子，在新世纪表现出无比的自信和决心。

Defy分为Classic和Xtreme两大支线，共提供8个型号。它们以跑车为外形设计的蓝本，流露刚强的个性。至于内涵方面同样叫人瞩目：经过了3年的努力，真利时成功研发出一种既轻盈亦强韧的合金，并以品牌的名字命名为Zenithium，应用到机芯的基板上。使用Elite机芯的型号口径为43毫米，而用El Primero的更加大至46.5毫米，在腕上表现出厚重的质感。从旋转外圈的修饰到流畅的不锈钢链带，每项细节都表现品牌对素质几近严苛的坚持。

Defy Classic有“开心”、计时表、动力贮存及小三针日历4个款式，它们的磨砂不锈钢表壳及表带不单坚固耐用，更可抵抗高温及猛烈撞击，三格表带的中央及表面同样饰以菱格雕刻，在强悍的外表下流露出精雕细琢的美感。单向旋转表圈上梅花间竹地排列着立体的阿拉伯数字、条状刻度及代表真利时的星星图案。黑色或银色表面上，指标以镂空方式处理并涂上夜光材料，确保在任何环境下都清晰可读。所有型号都配旋入式透明蓝宝水晶底盖，防水深度300米。不论是使用El Primero或Elite机芯，Defy Classic所有型号的机芯摆陀都是由钨制成。另外值得一提的是计时型号的表面，重现了真利时20世纪90年代名作Rainbow Flyback的彩色30分钟计时针盘及红色指标。品牌的忠实支持者看到这个经典设计，肯定会兴奋莫名。

至于Defy Xtreme的风格更是正如其名字一样“去到尽”。表壳以黑色钛金属制成，外圈及侧缘以磨砂处理加强层次感，表冠及计时按钮上有护肩及保护拉杆。10时

（左起）Defy Classic HMS、Open及Power Reserve

不锈钢，表壳口径43或46.5毫米，自动上链680 SC机芯（HMS）、El Primero SC 4021计时机芯（Open）及Elite 685 SC机芯（Power Reserve），防水深度300米

Defy Classic Chrono Aero

不锈钢，表壳口径46.5毫米，自动上链El Primero 4000 SC计时机芯，防水深度300米

位置的减压气阀及刻有碳纤维图案的旋入式底盖，带来出众的1000米深的防水功能。立体的表面设计，由碳纤维、圆珠及拉丝打磨的铝质组成，镂空指标涂上红色夜光材料，显得格外夺目。不锈钢表带也同样运用复合物料，中央部分以磨砂碳纤维合金制成，侧面以Kevlar覆盖加以强化。Xtreme四个型号中，最受瞩目的当数在巴塞尔大展引起哄动的陀飞轮计时表。它采用全新设计的El Primero 4035 SX机芯，直径达15 $^{1}/_{2}$法分（约34.62毫米），厚7.55毫米，有包括35颗红宝石的332个零件，满链后可走50小时。每小时36000高摆频，令它的计时精准度达 $^{1}/_{10}$秒。超大的陀飞轮盘踞表面的左上方，仿如螺旋桨的横桥，带出一触即发的动感。显示日期的小圆窗设在陀飞轮框架的周边，计时小针盘的指示同样做成涡轮引擎扇叶的形状。除了陀飞轮，Defy Xtreme另外3个款式分别是配El Primero机芯的“开心”和计时表，及Elite机芯

（左起）Defy Xtreme Chronograph、Power Reserve及Open
钛，表壳口径43或46.5毫米，自动上链4000 SX计时机芯（Chronograph）、Elite 685 SX机芯（Power Reserve）及El Primero 4021 SX计时机芯（Open），防水深度1000米，不锈钢、碳纤维及Kevlar合金链带

的动力贮存型号。

继在巴塞尔大展出尽风头的Defy，紧接而来的便是风格迥然不同的Haute Horlogerie（高级钟表）系列。当中很值得注意的是Starissime女装钻石表。在纳塔夫眼中，男人和女人是截然不同的两种动物，创作女表也不应简单地把男表缩小加点钻石便算，而应该采取不同的精神。2006年的Star Tourbillon，便是这种想法的最佳体现。2007年，Star Tourbillon摇身一变成为Starissime，减去了陀飞轮，却带来更柔情似水的整体设计。Starissime Open是配El Primero机芯的37.5毫米口径计时表，开心的部分可选择心形的Love或星形的Star，两者的外框同样镶满钻石。珠贝表面上，12时是镶了5颗钻石的真利时之星，大小与姿态不一的立体阿拉伯数字也镶了钻石，与表壳及表耳的条状钻石互相辉映。整只表共用了重达9.44克拉的钻石，名副其实珠光宝气。沿用Star Tourbillon废除针盘的设计，计时记录改以2颗天顶之星代

Defy Xtreme Tourbillon
钛，表壳口径46.5毫米，自动上链El Primero 4035 SX陀飞轮计时机芯，防水深度1000米，不锈钢、碳纤维及Kevlar合金链带

Starissime Star Open Star & Love

18K白金，表壳口径37.5毫米，表壳及表面镶有共重9.15克拉的202颗钻石，自动上链El Primero 4021计时机芯，22K白金镶钻摆陀，防水深度30米，Ottoman表带连18K白金折叠扣

12 Coups de Minuit

18K白金，表壳口径32毫米，表壳及表面镶有共重2.5克拉的钻石，自动上链Elite 68机芯，22K白金镶钻摆陀，防水深度30米，魔鬼鱼皮表带连18K白金折叠扣

替。Open Love更特别地以1颗心形红宝石充当小秒针的钻石，为表面加添妩媚娇艳之气。

Haute Horlogerie另一款为女士而设计的型号，是12 Coups de Minuit，翻成中文意思就是“午夜的十二击”。人手组装的彩色珠贝表面，左上方是星形的“开心”部分，1时位的钻石是真利时之星。在它下面，是硕大的立体镶钻阿拉伯数字，由1至12，共12个独特款式，点出系列名称的由来。12 Coups de Minuit是配Elite机芯的大三针型号，秒针同样以1颗围绕表面走动的星星取代，外圈镶满了特大的圆钻，与Starissime Open一样，搭配美观的魔鬼鱼皮表带。至于喜欢复杂机械与华贵珠宝完美结合的男士，也可以从Haute Horlogerie的2款陀飞轮新作分一杯羹（称为Black Tie及Concept，前者适合配上礼服蝴蝶结出席宴会，后者则带实验性高科技概念）。Black Tie的表壳外圈及表面刻度镶了长条及梯形钻石，偏心的主表盘上有七彩的条纹雕刻图案。陀飞轮上的一字长形横桥依然突出，旋转框架周边是日历显示环。至于Concept最突出的地方，是主表盘展示了计时表的齿轮组及星柱轮，2个计时小盘的刻度印在一片跨越齿轮透明圆片上。半透明的表面上有立体的放射纹装饰，并可见到机芯上的蓝钢螺丝，整体设计十分前卫。

象征开心的Class Open，永远是真利时的主角。新

Grande ChronoMaster XXT Tourbillon Black Tie
铂金，表壳口径45毫米，表壳及表面镶有共重6.2克拉的69颗钻石，自动上链El Primero 4005陀飞轮计时机芯，22K白金镶钻摆陀，防水深度30米，真皮表带连铂金折叠扣

Grande ChronoMaster XXT Tourbillon Concept
18K白金，表壳口径45毫米，自动上链El Primero 4005陀飞轮计时机芯，22K白金摆陀，防水深度30米，鳄鱼皮表带连18K白金折叠扣

的Class Open计时表，用了比以往更薄的新机芯，基板亦做出更协调和谐的处理。在表面的“开心”之处，呈现了一个“8”字形的窗户，它只突出了摆轮和游丝，将四轮及擒纵轮作淡化处理，让它们隐藏在镂空的时间秒针盘上。与时分秒针同轴的，是实金制造的镂空动力贮存指标。纳塔夫先生表示，Class Open其实是很纯粹的中国概念设计。“8”字的形状是佛教哲学中的快乐，它的中文读音是千千万万想“富起来”的现代中国人向往着的发达。动力贮存的格状刻度，就是长城上步履维艰的阶梯。而分钟计时针盘和时间秒针针盘上的通花图案，则来自紫禁城宫殿内的窗饰。

18K红金或不锈钢制造的表壳的Class Open有2种口径，分别是40及44毫米。表面上的小时数位，乃1920年代流行的工整字体。40毫米的版本，上面则只有双数。此表有银白、深灰以及哑黑色3种表面，可选择纯色或配菱格雕花装饰。

“开心”的另一个变奏，是以海星为题的Star Open Sea女装表。与Starissime相比，它以鲜艳多变的色彩带出更年轻的风格。采用不锈钢或18K金表壳，外圈上有3个阿拉伯数字刻度及海星图案，呼应珠贝表面上的5颗海星及2、6及8三个阿拉伯数字刻度，3时位还因应不同看表面颜色而镶了1颗珍珠、绿松石、翡翠或珊瑚石。中央除时分及计时秒针，还延伸出星形指标，徐徐在6时上方的海星刻度上游走，标示50小时动力贮存。10时

Grande Class Open
18K红金或不锈钢，表壳口径44毫米，自动上链El Primero 4021H计时机芯，防水深度50米

Class Open
18K红金或不锈钢，表壳口径40毫米，自动上链El Primero 4021H计时机芯，防水深度50米

Star Open Sea
18K红金、黄金或不锈钢，表壳口径37.5毫米，自动上链El Primero 4021计时机芯，防水深度30米，魔鬼鱼皮表带连折叠扣，备有多种颜色及镶钻款式

Star Open Sky
不锈钢，表壳口径37.5毫米，自动上链El Primero 4021计时机芯，防水深度30米，蜥蜴皮表带连折叠扣，备有多种颜色及镶钻款式

有海星形开心窗，窥探摆速36000次/小时的El Primero 4021机芯运作；连起9时的小秒针，星星相印，让整个表面富有活泼生动的立体感。配与表面颜色相符的魔鬼鱼表带。同系列的Star Open Sky，表面上的海星换成线条较刚直的天上繁星，并以柔和的用色和瑰丽的蜥蜴皮表带，营造感性的浪漫气氛。

资料查询

LVMH Watch & Jewellery HK Ltd.

香港铜锣湾希慎道33号利园宏利保险大厦1003室
电话：(852) 2881 1631
传真：(852) 2881 1632
网址： www.zenith-watches.com

雅典表

始创于1846年的雅典表，在2006年庆祝了品牌创立160周年纪念。在这极具意义之年的11月，雅典表在上海外滩18号开设了中国第一家旗舰店，其全球总裁史耐德（Rolf Schnyder）先生更亲自来华主持了开业典礼。雅典表对中国市场之重视，可见一斑。

以制作航海天文钟起家的雅典表，曾经成为50多国海军指定使用的海上计时器，素以精湛的制表技术，在表坛稳站一席重要地位。为了纪念160周年这个大日子，雅典特别推出了一款限量纪念手表，采用的是雅典首枚自行研发的UN-160机芯。机芯的心脏是运用了深刻电铸模造技术（LIGA）的双向擒纵装置（Dual Ulysse Escapement），延续Freak陀飞轮内擒纵装置的优点，不但无需润滑油，而且亦比传统马仔擒纵的摩擦较少。两个擒纵轮分别以顺时钟与逆时钟方向转动，相互配合，直接将动力传送至摆轮。

新机芯采用的双擒纵轮结构，有别于传统的单一擒纵轮结构，首当其冲的问题就是重量增加，在不需增加动力供给的前提下，如何减轻重量便成为当前急务。雅典想到的办法，是引入半导体产业用来制造微结构的深刻电铸模造技术，以光学微影制程与电镀技术将亚磷镍蚀刻成镂空擒纵轮。导入半导体技术所制作的镂空擒纵轮，令原本质量较重、每立方厘米达9克（比钢的7.8克还重）的亚磷镍变得轻如无物，符合双向擒纵轮的要求。擒纵轮上的齿轮数目，也增加至18齿，以增加动力传送的顺畅性，摆幅也从一般的50~52度降低至约30度，以求达至更高精准度。摆轮上有雅典自行研发的调校螺丝，并以横越整个摆轮的全夹板固定，有效地提高防震与稳定性。

UN-160机芯经天文台认证，拥有50小时动力贮存，28800摆频。单一发条鼓的设计，摆陀以陶瓷滚珠轴承固定，无需润滑油亦能确保稳定度维持在最佳水平。装上UN-160的限量纪念手表，湛蓝如海的表面上有立体条纹装饰，强调了品牌与海洋的密切联系。雕刻铭牌上有雅典标记及品牌创始年份。双窗大日历及小三针设计，后者小针盘上更刻有“160”字样，加强纪念意义。有白金与红金2种选择，限量各500枚。

同时推出的还有新款式的两地时间小三针手表。内置的专利机械双时区系统，表壳左侧的快调按钮，能同

Anniversary 160 Limited Edition

18K红金或白金，自动上链UN-160机芯，专利双擒纵系统，天文台认证，限量制作各500只

装上刻有雅典160周年图案摆陀的UN-160机芯

步调校本地及第二时区时间，后者的圆形视窗位于9时位置，下方写着Home Time字样，不会与日期窗产生混淆。6时及2时位置分别置有独特的超大小三针及专利的双窗大日期显示。此表口径42毫米，配装雅典UN-24自动上链机芯，旋入式表冠，抗磨损蓝宝石水晶玻璃，透明表背，防水深度100米，备有红金或不锈钢两种材质以供选择。

UN-160机芯的双擒纵轮以蚀刻成镂空的亚磷镍制成，摆轮装上雅典自行研发的调校螺丝

Dual Time 42mm
不锈钢，表壳口径42毫米，自动上链UN-24大日历GMT机芯，防水深度100米

St. Basil Red Square圣巴素大教堂珐琅彩绘手表是雅典另一枚160周年纪念之作。此表还另具2种意义：一是为了莫斯科克里姆林宫兵器博物馆200周年志庆，一是为了纪念雅典表历史性在克里姆林宫举办的“时计瑰宝”莫斯科展览会。此表全球限量生产30枚，运用掐丝珐琅彩绘技术，在40毫米的表盘上，以0.06毫米厚度的金线勾勒出圣巴素大教堂的高塔与建筑，再使用珐琅填色的技术画出瑰丽的色彩，每只表都要经过30道烘烤程序，经由制表师花费长达80小时以上的工时才把彩绘表盘完成。

一直以来，雅典表都以精准的航海时计闻名，在至今161年的制表历史中赢得4000多项冠军大奖。凭借制作航海用专业仪器的丰富经验，新推出的Blue Surf限量航海潜水手表尽显海上时计实用可靠精神。表壳直径42.7毫

St. Basil Red Square

18K红金，表壳口径40毫米，掐丝珐琅表面，自动上链UN-13机芯，天文台认证，防水深度50米，限量制作30只

盛载St. Basil Red Square的俄罗斯皇家蓝色珐琅蛋雕

米，单向旋转式的潜水计时表圈，配衬上大度得宜。立体海浪波纹装饰的表面上，12时及6时位置分别有动力贮存及特大小三针针盘，后者内有日历窗及雅典创立年份1846的字样。配备UN-26自动上链天文台机芯，机板是采用钛合金制成，整个机芯上覆盖一层厚度仅1微米的蓝钢，虽然轻薄，但却具备1500 HV的硬度。透明宝石表背，可供收藏者欣赏机芯运转之美。Blue Surf限量航海潜水手表防水深度200米，每只手表皆有独立编号，18K红金及不锈钢款式分别限量500及1846枚。

Maxi Marine Blue Surf Diver

18K红金或不锈钢，表壳口径42.7毫米，自动上链UN-26机芯，天文台认证，防水深度200米，限量制作红金500只及不锈钢1846只

资料查询

Ulysse Nardin SA

香港九龙尖沙咀广东道5号海洋中心1203室
电话：(852) 2957 0000
传真：(852) 2957 0009
网址：www.ulysee-nardin.com

贵朵

1974年，精工集团为建立“特选手表”系列，就特别创立了贵朵这个品牌，品牌Credor的法文意思为“黄金之顶”，并走向艺术风格的市场定位，可见手表制作的背后绝对是心血的结晶，而2006年Spring Drive机芯的出现，更令品牌手表大放异彩。

Spring Drive Sonnerie选用最新Spring Drive机芯，更能敲出禅院钟声，可说是品牌瞩目的杰作！手表的打簧声较高频清脆，设计灵感源自的日本僧侣所用的Sahali，类似中国的磬。钟碗以黄铜为主材，打出来的声音更厚更深沉。手表加入全新设计的控速器，报时发条在启动时会刹那间松弛，将动力传到打锤上，品牌的新设计采用折叠式簧片，动力释放时产生空气阻力作用，使传输速度大幅减低至20000转/分钟，簧锤的敲击就更缓慢有力，更可将控速器的杂音降至最低。手表每小时自动报时一次，为您紧张而繁忙的生活作缓冲。红金手表表壳搭配人手上链机芯的Spring Drive 7R，有88石，无表面的设计，可以观赏时计及鸣响的动力状况，更看到小时自鸣-静音-三小时自鸣模式选择。时针发条鼓的表面饰以镶通盐尻市市花桔梗花的图案，设计此图案的The Micro Artist Studio更于2003年获得“当代工艺大师”的称号，可见手表里外的制作也相当严谨细致。Spring Drive Sonnerie预计每年只做5只，第一批的配额是本土3只、欧洲1只、亚洲其他地区1只，是相当珍贵的手表。

品牌的247月相表款，同样别具魅力。中国人对月亮有一份特别的情怀，也有团圆圆满之意，月相成为系列的设计重点，当中有着浓厚的东方艺术风格。表面突出的2、4、7阿拉伯数字小时时标，具有24小时及一星期7天的含义，4时位置的月相窗及7时以双圆形构成动力贮存同样是充满创意，白钛表壳配皮带的GCLL993限量版，在珠贝制作的月相碟里，月亮图案有别于一般的设计，由制表师人工雕刻的月球表面，加上泛黄色泽，几乎可以以假乱真。手表配上鳄鱼皮表带，带有与日本高温地区独有的黄褐月亮类似的橙色，极重日本风味。GCLL995型号的表壳及链带同样以白钛制造，比普通的钛硬1.5倍，而且轻盈防锈，一般使用在医疗器材中，现只有这日本集团使用，更显手表的珍贵。系列还有红金的GBLL998型号，月相图书案以18K红金雕琢而成。此外，系列中的手表同是采用编号为Cal 5R77 Spring Drive机芯，具动力贮

Spring Drive Sonnerie

18K红金，表壳口径达43.2毫米，人手上链Spring Drive Sonnerie 7R06自鸣机芯，每年限量制作5只

247 Moonphases GBLL 998
18K红金，自动上链Spring Drive Cal 5R77月相机芯，鳄鱼皮表带连18K红金折叠扣

247 Moonphases GCLL 995
白钛，自动上链Spring Drive Cal 5R77月相机芯，白钛链带

247 Moonphases GCLL 993
白钛，自动上链Spring Drive Cal 5R77月相机芯，限量制作125只

存显示功能。

新款Node系列也选用自动上链的 Spring Drive Cal 5R77机芯，新款设计的月相表将传统的扇形视窗改成圆形，利用黑白色转碟突出月相的设计，天然色泽珠贝制的白面碟，以特有的晕彩变化呈现月球看到的地貌景观，黑色转碟则依据月相周期的变化而遮盖白面碟，月相显示盘与7时位的72小时动力贮存圆形显示盘互相衬托，简洁的设计流露丝丝的艺术美。与此同时，后面的自动摆陀与基板上的太阳放射纹雕刻，与表面设计造出日与夜的对比，两元对立的概念放射出慑人的光芒。口径为41.3毫米、厚度为6毫米的不锈钢表壳，外形虽比东方人的手腕大一点，却不会有累赘感觉。系列分2个型号：白面配鳄鱼皮带的GCLL997及黑色配链带的GCLL999，2款均备有100米深度的防水功能。

Node Moonphases
不锈钢，表壳口径41.3毫米，自动上链Spring Drive Cal 5R77月相机芯，防水深度100米

资料查询

台湾精工国际股分有限公司

台湾省台北市民生东路3段2号12楼
电话：(8862) 2504 6969
传真：(8862) 2504 2609
网址：www.credor.com

CHANEL

香奈儿

Chanel近年全面渗入女性市场，先是时装、香水，进而珠宝及手表等范畴，品牌早已誉满全球。在手表制作上，2004年始推出的J12，珠宝与手表精巧的结合，令人惊喜赞叹。由Jacques Helleu设计的J12是Chanel三大主要系列之一，与珠宝手表及Intemporelles de Chanel各以不同角度展现品牌对完美的追求；结合机械与外观的美，成为表坛独树一帜的创作。

新推出的J12以18K白金、钻石和陶瓷3种历久不变的物质，组成多个不同版本，让中性的运动型时计走向璀璨华丽，亦以实物阐释永恒的意思。当中最为瞩目的J12 Haute Joaillerie，全表镶嵌605颗长方形钻石，共重约33克拉。为了缔造完美的闪烁效果，工匠共花上1400小时切割和镶嵌数百颗钻石，在白金表壳的包围下，与表面中央、12个小时刻度和链节上的黑色陶瓷形成质感和光暗对比。这款高级珠宝手表在色泽和设计上处处流露品牌的风格，还特别制作5款不同限量款式，既是CoCo Chanel最喜爱的数字，同时又是品牌的标记。

J12 Limited Edition于2004年首度现身，其后每年加入新款式，2006年新作分别为陶瓷表圈及宝石镶嵌表

J12

制作仅一只的J12陀飞轮宝石手表，表盘上有9个钻石时间标示、表圈、表耳及表带镶嵌568颗方形红宝石

Black J12 Editions Limitées
18K白金及陶瓷，表壳口径38毫米，表面镶有84颗长方形钻石，黑色陶瓷或红宝石表冠及时刻，自动上链机芯，陶瓷链带，另备33毫米口径选择，限量制作55只

J12 Haute Joaillerie
18K白金，全表镶嵌605颗共重33克拉的钻石，自动上链机芯，黑色陶瓷及钻石链带，限量制作5只

White J12 Editions Limitées
18K白金及陶瓷，表壳口径38毫米，表面镶有84颗长方形钻石，陶瓷或镶嵌36颗粉红色宝石表圈，粉红色宝石表冠及时刻，自动上链机芯，陶瓷链带，另备33毫米口径选择，陶瓷表圈版本限量制作55只，粉红色宝石表圈限量制作12只

J12 Diamond on Dial
陶瓷，表壳口径38毫米，表圈及表面分别镶嵌118颗及110颗钻石，自动上链机芯，陶瓷链带

圈，两者均在表面镶上2圈共84颗长方形钻，犹如日用版的J12 Haute Joaillerie。白色陶瓷表圈款式配上粉红色宝石时刻和表冠，感觉年轻清新；黑色版本的时刻和表冠部分，可选黑色陶瓷或红宝石，属较稳重大方的演绎。在表圈镶嵌不同的宝石，第二款设计所表现的则是一种华丽气派。除了缀以36颗红宝石的配搭外，黑色版本还有镶嵌46颗钻石的变奏，跟白色表面所配的36颗粉红色宝石各有不同的魅力。两款各备33毫米及38毫米口径选择，陶瓷表圈限量制作55枚，宝石镶嵌表圈的只造12枚，防水深度100米。华丽的大三针款式还有缀以圆钻的版本，表圈镶有2行共

J12 Superleggera
铝合金及高科技黑色陶瓷，表壳口径41毫米，自动上链计时机芯，获得COSC瑞士官方天文台认证，防水深度200米

J12 Chronograph
陶瓷，表壳口径38毫米，表圈镶嵌118颗钻石，自动上链计时机芯，陶瓷链带镶有312颗钻石

118颗钻石，表面中央密铺了110颗圆钻，配上白色阿拉伯数字时刻和指针，在黑色的背景上跃然而起。而同样在表圈镶嵌圆钻的计时表款，在陶瓷链带的中央链节换上的4行共312颗白钻，使闪烁效果遍布整个时计。Chanel以黑与白这种永恒的色彩带出纯净、简洁的感觉，使J12与闪烁的钻石一同以不变应时代的万变。

将在巴塞尔展出的J12再下一城，品牌制作仅1枚的陀飞轮宝石手表，其特色包括表盘上2块0.3毫米品牌专利的陶瓷板，9个钻石时间标示、568颗方形红宝石镶在表圈、表耳及表带上，在黑白经典加上耀眼的红，瞩目全场。

Mademoiselle Pearls

18K白金表壳，表面镶嵌168颗钻石，珍珠及白金链带

Mademoiselle

不锈钢表壳，配搭黑色或粉红色漆皮菱格纹表带

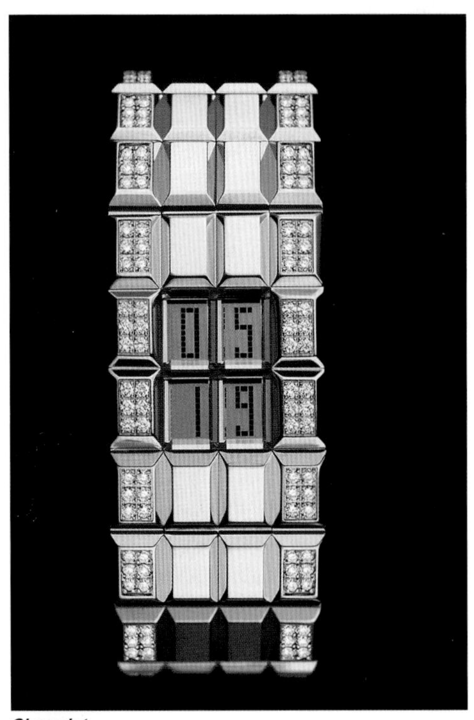

Chocolat

18K白金表壳镶嵌240颗钻石或不锈钢表壳镶嵌24颗钻石，链带由方块图形砌合而成

Matelassée

不锈钢表壳，镶有32颗钻石，配搭菱形格纹不锈钢链带

Première

不锈钢手表配白色或黑色橡胶穿链

1932

18K白金，表圈镶有110颗钻石，珠贝表面镶有4颗钻石，粉红色缎面表带

Camélia
18K白金，表壳镶有99颗红宝石及表面镶有48颗，另有表面镶有68颗钻石款式，粉红色缎面表带

J12 Superleggera带领品牌进入运动的新领域，新版本更为轻量化，哑色的超轻黑色表带，铝合金及配衬高科技磨砂表壳，展现优雅气派。41毫米的表壳采用自动上链计时机芯，获得COSC瑞士官方天文台认证，黑色蓝宝石水晶透明表背刻有“Chanel-J12 Superleggera”字样。

香奈儿的最新Les Montres de Chanel系列，充满时尚气息。Mademoiselle手表的法文是“小姐”的意思，于1990年开始推出，设计沿用经典方形表圈，线条比较硬朗，配搭方格压纹的表带，带点中性化的味道，视觉效果极强；最新Matelassée系列采用不锈钢质材，镶嵌了32颗闪亮钻石围绕在方形表壳上，不锈钢表带呈现经典的菱形格纹，带来一种高贵的感觉；朱古力总是有份诱人的魅力，Chocolat手表表带由方块图形砌合而成，犹如看见一排排的朱古力，位于中间的4个方块为显示时间的窗户，设计独特，新款Chocolat手表更在时间显示窗两旁镶上24颗钻石，让手表顿时奢华起来；Première系列是Jacques Helleu设计的首枚手表表款，外形灵感源自凡登广场及Chanel No.5的瓶塞。珍珠贝母表盘加上白色塑料彩带串连链扣，让Première更显经典。另备黑皮革链扣表带表款供选择。另外，Les Montres Joaillerie系列加入珍珠及钻石作创作元素，叫手表更受瞩目。其中的Camélia山茶花系列，完全展现品牌的风格，其中一款手表是花瓣表面镶满75颗钻石，另一款则是表面加上48颗钻石及99颗红宝石，同样散发优雅的魅力。

资料查询

香港专卖店

香港中环太子大厦
电话：(852) 2869 4898
传真：(852) 2525 8986
网址：www.chanel.com

CONCORD

OTHERS WILL FOLLOW

君皇表

君皇表自1908年于瑞士Bienne成立以来，手表款式以非凡设计及复杂多变而闻名，紧贴时代变化，迎合不同品位的爱表人士。经典的Delirium、Saratoga及Mariner系列在设计及技术上不断改良，推出的新款式给予大家更多的惊喜。适逢2006年是Saratoga系列推出的20周年，品牌特别推出了2款风格迥然不同的手表：18K红金八边形手表，表圈缀以24颗钻石，表耳上下有4颗钻石装饰，连系着链带镶嵌的209颗钻石，戴在手腕上，就看见一个完整而别致的图案。白色珠母表面上以花卉图案装饰，3、6、9及12阿拉伯数字及时分指针均以红金制造，其余时间刻度镶有8颗钻石。此外，表冠上的专利保护盖刻有“Concord”字样，为27.5毫米的手表带来生气。手表采用瑞士石英机芯，具50米深的防水功能，另备18K白金款式。

Saratoga另一款式——两地时间计时表，45毫米的大口径表壳别具个性。表面上，9时及12时位置分别有60秒及30分钟计时小表盘，3时位置为指针式日历小表盘，而6时位置的两地时间显示盘稍大，突出此表的GMT功能，并由8时位置的隐藏式按钮调校时间。此表搭

Saratoga 20th Anniversary
18K红金，表壳口径27.5毫米，表壳、表带及表面共镶有298颗钻石，石英机芯，防水深度50米，18K红金链带

Saratoga Dual Time Chronograph

不锈钢或18K红金，表壳口径45毫米，自动上链La Joux-Perret 8286 GMT计时机芯，防水深度50米

配自动上链的La Joux-Perret 8286机芯，有26石，摆频28800次/小时及42小时动力贮存，通过透明蓝宝底盖，可以看到人手修饰摆陀及桥板的机芯运作。表冠上有专利保护杆，防水深度50米。手表具2款型号，红金表壳配黑色表面及鳄鱼皮表带连红金表扣；不锈钢表壳配白表面及不锈钢链带。

Delirium系列曾制作1.9毫米超薄瑞士石英机芯，更赢得“全球最新薄手表”的美誉，其独特的凹入圆形中心成为手表的标记。系列推出限量版Skeleton Réserve de Marche手表，保留部分前款的设计，表面饰以原来的黑色放射条纹装饰，斜斜陷入表面的圆环，增强手表的立体感。2时位置的扇形39小时动力贮存显示、6时的日历小表盘以及红金时间刻度及指针具实用性之余，设计也同样令人瞩目。此外，半镂空表面及透明表底，让您随

Mariner Coral

不锈钢，表壳口径30毫米，珊瑚石表面，石英机芯，防水深度30米，魔鬼鱼表带

时欣赏人手上链机械机芯的运作。配上黑色鳄鱼皮表带连红金表扣，防水深度30米，每枚手表均附有证书及特别的手造木盒，生产仅10枚的手表，成为矜贵之作。而高贵的Delirium Haute Joaillerie Opal，其18K白金表壳两侧及链带上镶有75颗钻石，独特的彩色澳洲蛋白石表面，中央的陷入式圆环缀以镶满钻石的白金外圈，展现非凡品位。

Mariner系列让您感受扬帆出海，超然舒畅的魅力。Mariner Coral结合稀有特别的材料和优雅亮丽的风格，深蓝色或灰色的马赛克图案表面，由经过3.5亿年形成、从遥远的水底洞穴采集得的珊瑚石制成。黑色魔鬼鱼皮表带如石卵般的质感，正好与表面的图案互相辉映，甚具艺术风格。外圈及表面的小时刻度镶嵌了60颗钻石，令整体设计更华丽夺目。此表口径为30毫米，搭配瑞士石英机芯，防水深度30米。另一款式Mariner PVD拥有12边形精钢表壳及黑色PVD表面，黑色“巴黎钉头Clou de

Delirium Skeleton Réserve de Marche Limited Edition
18K红金，人手上链镂空动力贮存显示机芯，防水深度30米，鳄鱼皮表带连18K红金表扣，限量制作10只

Mariner PVD
黑色镀PVD不锈钢，表壳口径40毫米，石英机芯，防水深度30米

Delirium Haute Joaillerie
18K白金，表壳及蛋白石表面镶钻，石英机芯，防水深度30米，18K白金镶钻表带

Paris”表盘装饰，加入银色三角小时时标、路轨式分钟刻度及alpha指针，丰富的设计令手表更为出众。40毫米口径为男装款式，缀以60颗钻石；26毫米的女装款式则有48颗钻石。配瑞士石英机芯，防水深度30米。

系列还制作了复杂机械手表，其自动上链的Mariner Bi-Retrograde双飞返显示表，配上45毫米大口径红金表壳，表面的下半部有2个扇形的飞返星期及日历显示盘，与主时间表盘重叠。飞返针盘中心饰以放射条纹，外围的多边形的设计，呼应了外圈的12角线条。表面以黑色衬底，3个针盘、指针及立体刻度以红金制成。日历的调校，可通过4时位置的隐藏式按钮独立进行。独家的La Joux-Perret 3535机芯有29石，摆频28800次/小时，44小时动力贮存。配黑色鳄鱼皮表带连红金表扣，透明蓝宝石表背，防水深度30米。另备有不锈钢款式。

Mariner Bi-Retrograde
18K红金或不锈钢，表壳口径45毫米，自动上链La Joux-Perret 3535飞返机芯，防水深度30米，鳄鱼皮表带连18K红金表扣或不锈钢链带

资料查询

MGI Luxury Asia Pacific Ltd.

香港北角威非路道18号万国宝通中心29楼
电话：(852) 2736 0820
传真：(852) 2736 1362
网址：www.concord-watch.com

JEANRICHARD

尚维沙

始创于1861年的JeanRichard——尚维沙，一向致力寻求功能与美学上的平衡，却又能在此基础上勇于创新，成绩骄人；凭借母公司的强大支持，尚维沙近年在发挥其制表工艺和创意方面，更可说是到了得心应手的境界，为爱表人士带来一个又一个的惊喜。

Bressel Alternativ

不锈钢，表壳口径42毫米，自动上链JR1000机芯，防水深度30米

“电视机荧屏”TV Screen表壳是尚维沙的代表性设计之一，新作是为女士们而设的一套5款TV Screen Milady 5 Continents珠宝手表，将五大洲的无限风光幻化成手腕上的千娇百媚，令人一见钟情。当中的亚洲款式，红宝石配抢眼的红色绢面表带，上有深具东方特色的花朵图案。白色珍珠贝母表面上有东方文化的腾龙图案，而阿拉伯数字“8”时标，对中国人来说，肯定是最好的随身幸运符号。欧洲是尚维沙的故乡，雪白无瑕的欧洲款式以珍珠贝母表面与闪烁钻石互相辉映，雪白图案与蓬松的绒毛表带，巧妙地构成冷与热的组合。非洲款式以钻石衬托表盘上的乌檀木雕塑图案，以古老的民间工艺，呈现深邃壮阔的原野大地，将人类文明最隐秘的一面尽情展露。大洋洲的天然景观与神秘的海洋风貌，通过表壳及表面上的蓝宝石及蓝色珍珠贝母，令人彷佛在刹那间投进浩瀚无边的大海，领略大自然的奥秘。至于美洲表款用色朴实平和，表壳的蓝宝石融合黄褐色的珍珠贝母表面及麖皮表带，呈现一抹自然风味。

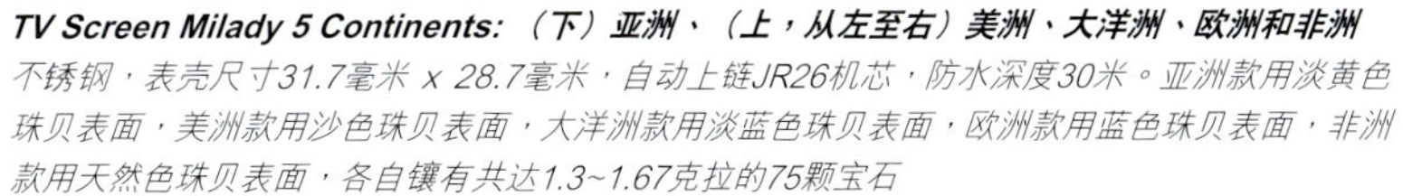

TV Screen Milady 5 Continents: （下）亚洲、（上，从左至右）美洲、大洋洲、欧洲和非洲

不锈钢，表壳尺寸31.7毫米 x 28.7毫米，自动上链JR26机芯，防水深度30米。亚洲款用淡黄色珠贝表面，美洲款用沙色珠贝表面，大洋洲款用淡蓝色珠贝表面，欧洲款用蓝色珠贝表面，非洲款用天然色珠贝表面，各自镶有共达1.3~1.67克拉的75颗宝石

TV Screen Milady 5 Continents系列采用JR 26自动上链机芯，$7^{3}/_{4}$法分（约17.31毫米），25石，摆频28800次/小时，动力贮存38小时以上，表壳尺寸为31.7毫米 x 28.7毫米，厚度9.7毫米，弧形蓝宝石水晶玻璃镜，表背以4颗螺丝锁紧，防水深度30米，不锈钢表壳镶嵌代表五大洲的钻石或宝石。弧面玛瑙表冠，保持系列的一致性。

全新的Bressel Alternativ，看名字便可知是品牌发挥创意的前卫设计视野的平台。在创新的背后，却是尚维沙这历史悠久名字所代表的传统制表工艺。装置自行研制的JR1000自动上链机芯，$11^{1}/_{2}$法分（约25.68毫米），29石，摆频28800次/小时，动力贮存48小时。在典雅大气的42毫米Bressel 1665表壳底下，是现代感十足的表面设计。时分秒三针、日历及动力贮存显示皆采用偏离

Bressel Flying Hands
不锈钢，表壳口径42毫米，自动上链JR1000规范指针机芯，防水深度30米；另备镶钻表圈款式，镶有共重1.841克拉的52颗钻石

Bressel 1665 Tourbillon
18K红金，表壳口径42毫米，人手上链SOWIND99RJ陀飞轮机芯，70小时以上动力贮存，防水深度30米，真皮表带连18K金折叠扣；备18K白金款式

中心式布局，各司其职平衡有致，配合夺目的鲜红色刻度及充满生命力的阿拉伯数字，令人有耳目一新的感觉。Bressel Alternativ有黑、啡及银色表面3款选择，防水深度达30米。

至于Bressel 1665系列的新作，有红金和白金表壳的动力贮存指示陀飞轮。从陀飞轮的构造和旋转发条鼓置于上方的设计观之，聪明的读者一定可以看出这枚机芯的出处。这是相当昂贵的机芯，集团不惜工本制造这枚陀飞轮表，对该品牌的期望可想而知。

尚维沙还为女性发挥了无穷的想像力，给Bressel 1665披上另一款新外衣，以精奇夺目的时、分、秒针布局，结合古典风格与前卫大胆的笔触，设计出Bressel Flying Hands自动上链女装手表，备银色、黑色或白色珠贝表盘以及镶钻款式；偏离中心的小时盘数字及9时位置的小秒针刻度，造型新颖，有如盛放的花冠，烘托色泽鲜明的指针来回飞舞，配合一弯独特的动力贮存显示，仿佛编织成一幅蝶舞花间图。

作为尚维沙的旗舰款式，Paramount以线条明快的正方形表壳及深具品牌风格的直线动力贮存显示独步表坛。以著名的Le Mans大赛车的前哨战12小时Sebring耐力赛为题，增添一款充满澎湃动感的Paramount Sebring运动表型号，将赛车运动的速度动感及品牌的精湛制表技术共冶一炉。Paramount Sebring以磨砂精钢方形表壳配小牛皮面表带，碳纤维格子花纹表面散发浓厚的赛车味。经典的直线形动力贮存，以鲜明色调带出一触即发的气势。这全新表款设有银色或黑色表面款式，同样配备自行研制的JR1000自动上链机芯。

Paramount Lady
不锈钢，表壳口径23.5毫米 x 24.1毫米，自动上链ETA2000-1机芯，镶钻表圈，防水深度30米

Paramount Sebring
不锈钢，表壳口径36.3毫米 x 36.3毫米，自动上链JR1000机芯，防水深度30米

Paramount Lady是尚维沙的一个传统经典女装系列，今年的新款式，是黑面灰字，相当低调内敛。另一只粉面橙字的，则显得青春昂然。白面的款式则是搭配3、9黑字和12、6灰字，字体交织缠绕。再有一款表圈镶钻的，名贵而优美。

资料查询

FJ Benjamin (HK) Ltd.

香港北角英皇道510号港运大厦2308室
电话：(852) 2506 2666
传真：(852) 2506 3573
网址：www.jeanrichard.com

MAURICE LACROIX
Switzerland
艾美

艾美

自产计时机芯是实力的象征，一直以来都是极少数顶级瑞士钟表品牌的专利。艾美表已经通过此项考验，推出自行设计及生产的ML 106人手上链计时机芯，这枚忠于艾美一贯风格的大口径机芯，不论从工艺还是技术角度来看，都有过人之处：第一，这枚机芯采用工艺更加复杂的传统星柱轮来控制计时表的运作，较之一般普及型的凸轮结构，星柱轮有更轻柔的按键手感和更灵敏的计时触觉。第二，以崭新的杠杆机械运作模式，把停止及归零过程中的敏感阶段稳定下来，这技术并已获瑞士专利注册。这个装置避免了计时的启动和停止过程中指针出现抖动或者滞后的现象，是一个非常实用的结构。第三，艾美突破一般计时表性能，使用了1/5秒计时功能，而表盘设置有60分钟计时小表盘，取代惯常的30分钟计时小表盘。这种设置在没有小时计时盘的情况下可提供更加方便的计算模式。

这枚编号ML 106的计时机芯，直径36.6毫米，采用圆弧形打磨的夹板，比常见的日内瓦条纹更加复杂，手工修饰抛光倒角，20石，真正烤制蓝钢螺丝，Y形计时夹板按照古法制作，运用2个18K金的红宝石套筒。还采用鹅颈式微调系统，Kif避震器，打磨钢质夹板及擒纵轮，Glucydur平衡螺丝摆轮，Nivarox-1摆轮游丝，Nivaflex-1型发条，摆动频率为18000次/小时，散发古典时期慢条斯理的优雅。

采用ML 106机芯的Masterpiece Le Chronographe，表面采用925纯银制作；银色表面配以阿拉伯数字及时间刻度，中央部分饰有太阳放射条纹，镜面抛光打磨的蓝钢指针，时针及分针设有夜光功能。本款表壳直径45毫米，采用红金制作，弧形蓝宝石水晶镜面内附防反光涂层，蓝宝石水晶螺丝底盖，防水深度30米。限量生产250只，备有独立证书。配备鳄鱼皮表带连红金折叠扣。

继自家机芯之后，艾美再运用成熟的制表功力，以20世纪70年代风靡一时的AS 1931人手上链响闹机芯为基础，制成ML 63人手上链机芯，创制出限量亚洲版的AS 1931闹表。此表承袭了艾美一贯简洁素雅的设计风格，纯银制的面板上有太阳放射纹，古典优雅。发声部分是在后底盖加装一根音柱，透过响锤撞击发出声音。18K红金版限量150枚，不锈钢版限量500枚，18K红金配不锈钢版限量200枚。

Masterpiece - Le Chronographe
18K红金，表壳口径45毫米，人手上链ML 106计时机芯，防水深度30米，鳄鱼皮表带连18K红金折叠扣，限量制作250只

设计充满简约风格的Pontos系列，新的主打是同以限量形式推出的Décentrique GMT手表。这款手表最瞩目的焦点，是所有功能均设于偏心的位置，大胆破除制表常规。艾美已为自行研制的主机芯与新式日历显示机件之间的连接模组提交了专利申请。钛金属表面上，较大本地时间针盘放置在左上角，连接右下方面积较小的第二时间针盘。后者内有日夜和月相显示。两个针盘的下方另有日历窗。直径达45毫米的特大表壳，同样采用钛金属制作，自动上链的ML 121机芯表层以独特的黑色闪亮技术处理，展现尊贵优雅的本质。此表可配鳄鱼皮表带或橡胶表带，备有哑灰色及黑色表面，各限量999枚。Pontos系列的另一新作是Grand Guichet GMT大日历两地时间手表，12时方向配置大视窗日期显示，6时方向位置设第二时区。

Masterpiece匠心系列是艾美展现日趋成熟制表技术的平台。全新的Flyback Aviator飞行家飞返计时表，搭配ML 15自动上链机芯。此表是十分实用的腕上工具，除了著名的飞返功能外，还加入了每年只需调校一次的年历功能。纯银制的表面上，30分钟与12小时计时针盘与小三针显示以倒品字的方式挂列，4时与5时之间设计有

Masterpiece - Reveil AS 1931 Asia Limited Edition
18K红金、不锈钢或18K红金配不锈钢版，人手上链ML 63机芯，表壳口径40毫米，防水深度30米，18K红金款限量制作100只，不锈钢款限量500只，18K红金配不锈钢款限量150只

月份显示窗，另外在12时位置设计大日历视窗，是2个横向梯形的视窗设计，日期的十位与个位数字分开运作，能够自动辨别大小月份，用家只需在闰年的2月29日手动调整日期及月份1次，相当实用方便。此表的不锈钢外壳口径42毫米，ML 15机芯内有49石，备有因加百录(Incabloc)避震系统，Glucydur摆轮，Niravox-1游丝，Nivaflex-1主发条，镂空摆陀。配鳄鱼皮或橡胶表带连折叠扣，防水深度100米。

匠心系列另1个令人瞩目的新款式是Cinq & Cinq。艾美的忠诚拥护者看见这名字，当会马上联想起1990年推出的首枚匠心系列作品Cinq Aiguilles五针表。新手表名字的第一个法文数字5 (cinq)，代表经过改良之后能更清晰地指示时间资料的5根中置指针；至于第二个5字，则是指双发条鼓机芯带来的5天动力贮存。用以指示日历和星期的2支指针与3支时间指针同时放在表面中

Masterpiece - Flyback Aviator
不锈钢，表壳口径42毫米，自动上链ML 15飞返计时年历机芯，防水深度100米

Pontos - Grand Guichet GMT
不锈钢，表壳口径40毫米，自动上链ML 129大日历GMT机芯，防水深度50米

央，设计师把显示星期刻度延伸至表面的周边位置，日历刻度则集中在带花纹雕刻的表面中央，为两支指针提供更开阔的指示空间，在阅读上更加清晰。有黑色及白色2款表面设计，前者以夸张的彩色星期刻度，带出令人耳目一新的视觉效果。自动上链的ML 120机芯以TT 738（Technotime）机芯为基础，直径达30.4毫米，33石，振频为28800次/小时。表壳采用不锈钢或不锈钢搭配红金制作，直径42毫米，弧形蓝宝石水晶镜面内附防反光涂层，透明蓝宝石水晶底盖，防水深度50米。

Divina是艾美流丽而富有女性韵味的系列款式。今年的限量生产系列Divina Temptation，融合精确瑞士制表技术与顶级珠宝镶嵌工艺，有极强的艺术感染力。白金的收腰外壳，上面镶有以钻石及彩色晶石拼合的蜿蜒盘蛇图案，色彩缤纷。配上彩色蜥蜴皮表带，成为各类衣饰的优秀配搭。4个不同设计的款式，其余2款各限量10或30枚。

Pontos Décentrique GMT

钛，表壳口径45毫米，自动上链ML 121 GMT月相机芯，防水深度50米，备哑色及黑色表面，各限量制作999只

Masterpiece - Cinq & Cinq

18K红金配不锈钢或不锈钢，表壳口径42毫米，自动上链ML 120机芯，5天动力贮存，防水深度50米

Divina - Temptation

18K白金，表壳尺寸40.5毫米 x 24.5毫米，表壳及表面镶钻石及多种宝石，瑞士石英机芯，多种颜色可替换蜥蜴皮表带，限量制作每款10只或30只

资料查询

香港达昌洋行有限公司

香港九龙尖沙咀广东道25号港威大厦第2座1107-11室
电话：(852) 2369 1221
传真：(852) 2732 9147
网址：www.mauricelacroix.com

国内维修服务中心

北京

北京市崇外大街新世界太华办公楼七层
电话：(010) 6708 9001

上海

上海市雁荡路34号
电话：(021) 5386 3318

营销网络

北京

HMS LUXUIES
北京市东方广场中区东方君悦GG09
电话：(010) 8518 6385

新宇钟表亨得利瑞士名表店
北京市王府井大街271-273号
电话：(010) 6525 3490

新宇钟表亨得利翠微店
北京市海淀区翠微大厦一层
电话：(010) 6828 2228

新宇钟表亨得利双安店
北京市海淀区北三环西路38号
电话：(010) 6213 8820

新宇钟表亨得利燕莎店
北京市亮马桥路52号四层钟表部
电话：(010) 6467 3950

北京北辰购物中心
北京市朝阳区安外安立路8号
电话：(010) 6499 4517

英皇钟表珠宝国贸店
北京市建国门外大街国贸商城地下一层
电话：(010) 6505 6186

英皇钟表珠宝赛特店
北京市建国门外大街赛特购物中心一层
电话：(010) 6515 8049

英皇钟表珠宝百盛店
北京市西城复兴门内大街百盛购物中心新区一层
电话：(010) 6608 3420

英皇钟表珠宝西单店
北京市西单北大街120号西单商场一层
电话：(010) 6608 6892

英皇钟表珠宝庄胜崇光百货店
北京市宣外大街8号庄胜崇光百货一层
电话：(010) 6310 5319

北京冠亚名表城新东安店
北京市王府井大街新东安市场138号一层
电话：(010) 6528 0390

北京冠亚名表城东方广场店
北京市东方广场东方新天地首层A109
电话：(010) 8518 6013

深圳亨吉利世界名表中心银座百货店
北京市东直门外中中街21号一层
电话：(010) 8447 7083

哈尔滨

新宇钟表捷夫旗舰店
哈尔滨市道里区中央大街142号
电话：(0451) 8467 6972

新宇钟表捷夫连卡佛店
哈尔滨市道理区中央大街167号
电话：(0451) 8465 6367

新宇钟表捷夫新世界店
哈尔滨南岗区花园街403号
电话：(0451) 8909 5850

大庆

大庆新玛特购物休闲广场名品卖区
大庆市开发区纬二路39号
电话：(0459) 629 6279

长春

吉林省长春国际钟表有限公司
长春市重庆路478号
电话：(0431) 891 9026

吉林亨得利世界名表中心
长春市重庆路968号
电话：(0431) 896 8684

亨吉利世界名表中心长春店
长春市人民大街1881号亨吉利钟表
电话：(0431) 898 7487

东方表行吉林店
长春市吉林大街179号吉林百货大楼一层
电话：(0431) 13818829622

大连

锦华钟表大连友谊商城店
大连市中山区七一街1号
电话：(0411) 8280 1768

锦华钟表大连百年商城欧洲坊店
大连市解放路1号大连百年商城
电话：(0411) 8230 7719

锦华钟表大连罗斯福店
大连市沙河口区西安路139号1楼
电话：(0411) 8890 8959

锦华钟表大连新天地店
大连市沙河口区西安路友谊商城101B
电话：(0411) 8389 7399

郑州

新宇钟表郑州正弘店
郑州市北二七路224号
电话：(0371) 6622 3647

河南富豪表行有限公司
郑州市二七路200号金博大城一层
电话：(0371) 6661 6216

河南富豪表行有限公司（花园店）
郑州市花园路8号
电话：(0371) 6661 6236

河南富豪表行有限公司（丹尼斯店）
郑州市人民路 2 号邓尼斯百货有限公司
电话：(0371) 6661 6236

东方表行－裕达店
郑州市中原中路裕达国际贸易中心精品广场首层
电话：(0371) 6772 3020

上海

上海亨达利钟表南西店
上海市南京西路1010号
电话：(021) 6217 5903

上海亨得利钟表公司总店
上海市南京东路456号
电话：(021) 6322 2183

上海亨达利钟表公司
上海市南京东路262号
电话：(021) 6321 2769

新宇钟表上海钟表商店
上海市淮海中路478-492号
电话：(021) 6384 4875

新宇钟表上海金鹰国际店
上海市陕西北路278号
电话：(021) 6288 3321

东方商厦有限公司
上海市漕溪北路8号
电话：(021) 6487 0000-1326

上海百联集团上海一百店
上海市南京东路东方商厦南京东路店
电话：(021) 6322 3344-60100

深圳亨吉利世界名表中心华联商厦店
上海市南京东路华联商厦1楼2区
电话：(021) 6351 0217

徐州

北京亨得利徐州金鹰店
徐州市彭城广场金鹰国际购物中心一层
电话：(0516) 360 0768

杭州

新宇钟表杭州大厦店
杭州武林广场1号
电话：(0571) 8515 3911-30311

新宇钟表杭州解百新世纪商厦店
杭州市解放路249号
电话：(0571) 8792 0252

沈阳

中兴－沈阳商业大厦
沈阳市和平南大街中兴二巷5号
电话：(024) 2341 0898

新宇钟表沈阳秋林店
沈阳市和平区和平南大街中兴二巷5号
电话：(024) 2383 4888

新宇钟表沈阳新玛特店
沈阳市大东区小东路1号
电话：(024) 6216 9393

东方表行－沈阳亨得利中街店
沈阳市沈河区中街路137号首层
电话：(024) 2487 0033

广东

广州友谊商店股份有限公司总店
广州市环市东路369号
电话：(020) 8348 3015

广州友谊商店股份有限公司时代广场店
广州天河北路时代广场一楼
电话：(020) 3882 0125

广州市越秀区亨达利钟表眼镜商场
广州市越秀区北京路261号
电话：(020) 8318 0135

广州市精时钟表店
广州市环市东路348号东楼首层
电话：(020) 8386 3179

东方表行东莞虎门店
东莞市虎门镇太沙路64号天河城百货
电话：(0769) 522 7131

太原

新宇钟表太原丰乐瑞士名表中心
太原市开化寺街62号
电话：(0351) 830 8842

新宇钟表太原华宇购物中心店
太原市开化寺街181号华宇购物中心一层
电话：(0351) 407 5973

北京恒达利源钟表有限公司太原贵都店
太原市柳巷南路19号
电话：(0351) 413 3284

青岛

新宇钟表青岛亨得利百盛店
青岛中山路44－60号百盛名表中心1楼
电话：(0532) 8202 1677

青岛亨得利有限公司阳光百货店
青岛中山路142号
电话：(0532) 8282 2765

深圳

新宇钟表深圳阳光表行
深圳市罗湖区嘉宾路深华商业大厦一层
电话：(0755) 8237 5189

深圳亨吉利世界名表中心
深圳市深南中路航空工业贸易大厦天虹商场一楼
电话：(0755) 8323 6102

深圳亨吉利世界名表中心华润万象城店
深圳市深南中路华润中心万象城一层
电话：(0755) 8266 8369

深圳茂业商厦华强北店
深圳市振华路163号飞亚达大厦909室
电话：(0755) 8301 9150

西安

深圳亨吉利世界名表中心西安豪门店
西安市南大街36号
电话：(029) 8726 3151

深圳亨吉利世界名表中心西安开元店
西安市东大街解放市场6号
电话：(029) 8723 5469

深圳亨吉利世界名表中心西安金花店
西安市南大街36号
电话：(029) 8726 3153

南昌

东方表行－南昌太平洋店
南昌市中山路177号太平洋购物广场1楼
电话：(0791) 673 2818

重庆

冠亚名表城重庆太平洋百货店
重庆市邹容路68号太平洋百货一楼
电话：(023) 6371 3904

深圳亨吉利世界名表中心重庆迪康百货店
重庆市邹容路131号一楼
电话：(023) 6383 8183

重庆英皇钟表珠宝专卖店
重庆市五一路海逸酒店LGL层
电话：(023) 6382 8329

重庆英皇钟表珠宝远东百货店
重庆市洋河路10号北城天街远东百货
电话：(023) 8911 8076

武汉

深圳亨吉利世界名表中心武汉大洋店
武汉市中山大道756号大洋百货一楼
电话：(027) 8245 0173

昆明

昆明市新西南广场百盛名表中心
昆明市宝善街福林广场玉兰阁6F12室
电话：(0871) 611 2115

昆明市柏联广场百盛名表中心
昆明市三市街昆明柏联广场百盛购物中心
电话：(0871) 3644 861

昆明美辰百货有限公司
昆明市人民中路富春街98号C-8美辰百货一楼
电话：(0871) 360 5596

宁波

深圳亨吉利世界名表中心宁波中百第二百货店
宁波市中山东路220号
电话：(0574) 8726 9860

南京

新宇钟表南京山西路百货店
南京市中山北路107－114号一层
电话： (025) 8663 3508

深圳亨吉利世界名表中心南京苏甯银河店
南京市中山西路1号1楼
电话：(025) 8327 0016

无锡

上海亨达利钟表无锡百盛店
无锡市人民中路127号百盛广场1F
电话：(0510) 270 0750

长沙

深圳亨吉利世界名表中心长沙通程店
长沙市劳动西路589号通程金色家族名品一楼
电话：(0731) 551 3269

东方表行－长沙王府井店
长沙市黄兴路66号长沙王府井百货首层
电话：(0731) 489 2433

南宁

南宁市万达商业广场百盛名表中心
南宁市朝阳路青云街18号1楼
电话：(0771) 263 9505

福州

亨吉利世界名表中心福州大洋店
福州市鼓楼区八一七北路133号1楼
电话：(0591) 8303 6969

贵阳

贵阳龙港百盛店
贵阳市中华中路117号1F
电话：(0851) 521 1237

东方表行贵阳店
贵阳市中华南路52号钻石广场
电话：(0851) 583 0196

北亨贵阳国贸店
贵阳市中华北路1号国贸广场
电话： (0851) 680 0101

兰州

兰州巍雅斯名表眼镜有限公司
兰州市临夏路137号静安大厦西楼11楼
电话：(0931) 845 8381

银川

银川巍雅斯名表眼镜有限公司
银川市玉皇阁南街新华商城8号
电话：(0951) 601 3608

百年灵

早前上映的电影《血钻》中，看到里安纳度·狄卡比奥（Leonardo DiCaprio）戴上Chrono Avenger手表攀山涉水，一幕幕惊险镜头，就让我想到百年灵无论在任何情况下，也可发挥专业多功能时计的专业、坚固和准确的特性，是经得起考验的品牌。

品牌与品牌间互相合作，擦出璀璨的火花，而钟表品牌也会与拥有相同理念的著名车厂合作，生产一系列的手表。百年灵也随着潮流与宾利合作，诞生了Breitling for Bentley。除了品牌效应和商业考量的因素外，更希望2个拥有相同理念的品牌，凭借彼此对精密机械的激情及完美的坚持，共同创制出一系列高质素的时计。新推出的Flying B系列，是系列中的首只长方形表，设计特别之处，是拥有跳时小时视窗。超大口径的38.5毫米 x 57.3毫米表壳，拱形和长方形线条正是演绎宾利双座位轿跑车硬

The Flying B

18K白金，表壳尺寸38.5毫米 x 57.3毫米，表壳及表面镶钻，自动上链Cal 28B跳时机芯，天文台认证，防水深度100米，镶钻Speed型链带

The Flying B

18K红金、白金或不锈钢，表壳尺寸38.5毫米 x 57.3毫米，自动上链Cal 28B跳时机芯，天文台认证，防水深度100米，人手缝制真皮表带或Speed型链带

朗的车顶及开篷车款的优雅格调。大表面上的边缘铺满取材自宾利汽车仪表板的滚花饰纹。中央的时间显示以2个大小悬殊边缘重叠的圆形分置上下，12时位置的梯形跳时小窗，数字可以向前或向后跳动，令调校时间更加方便，配合中央的镶通大分针及长条形珠贝刻度，观看时间容易清晰。至于下方的小表盘，是带红色刻度的小三针显示。

一如其他百年灵手表，Flying B搭配自动上链的百年灵Cal 28B机芯，经瑞士官方天文台认证，38石，摆频28800次/小时。表背镌刻了宾利汽车的传奇飞翼“B”字母徽号，表面的双面防反光水晶玻璃表镜，确保了此表防水深度100米的能力。Flying B备有18K红金、白金及不锈钢型号，可选择与表面颜色相配的人手缝制真皮表带或

Bentley Motors T

18K红金，表壳口径48.7毫米，自动上链25B计时机芯，防水深度100米，天文台认证，真皮表带或Speed型链带，限量制作500只

Bentley Mark VI

18K红金或不锈钢，表壳口径42毫米，铂金外圈，自动上链Cal 26B计时机芯，天文台认证，防水深度100米，真皮表带或Speed型链带，红金款式限量制作500只

Bentley 6.75

黄金、不锈钢、红金或白金，表壳口径48.7毫米，Cal 44B自动上链百年灵机芯，防水深度100米，备有黄金、不锈钢及限量版红金及白金多款型号

Speed的同金属链带。

1946年，宾利Mark VI于英国Crewe镇的车厂问世，成为第一辆在这里开发的宾利汽车。时至今日，Crewe车厂仍是宾利重要的生产基地。为了向合作伙伴的传统致意，Breitling for Bentley推出特别版Mark VI计时表。42毫米不锈钢表壳上缀有饰花压纹铂金外圈。表面上，计时的分针及秒针同时设在中轴上，计时分针改为60分钟模式，围绕着长条形的天然珠贝时标运行。内置百年

Airwolf

不锈钢，表壳口径43.5毫米，Cal 78百年灵超级石英机芯，天文台认证，防水深度50米

Bentley GT Racing

不锈钢及18K红金，表壳口径44.8毫米，Cal 13B自动上链百年灵机芯，防水深度100米，备有不锈钢配链带及限量500只的18K红金版

灵特别为Breitling for Bentley设计的Cal 26B自动上链机芯，获瑞士官方天文台认证。可选择皮带或Speed型不锈钢链带，防水深度100米。18K红金表壳为限量版，只做500只。

Breitling for Bentley另一款计时手表Motors T，外形与Navitimer有几分相似。设计细节上充分体现运动的理念，此表的Cal 25B自动上链天文台机芯，还拥有百年灵

独家的30秒计时器。中轴的计时秒针每30秒走一圈而非一般的60秒，能够达到1/8秒的精确读数。此表还配备可变测速计，使用者可以通过它测量平均速度，而不用考虑时间、距离或已达到的速度。Motors T拥有厚重的48.7毫米表壳，底盖镌刻宾利3款最具传奇色彩的型号：Speed 6，Continental R-type和Continental GT型。备有18K红金及不锈钢款式，18K红金版限量制作500枚。

同系列的Bentley 6.75计时表，是向装置体积最大的6.75升发动机的宾利Arnage豪华轿车致意。计时表壳边缘有滚花边，表背有五臂轮胎圈图案等。除秒针、30分钟及12小时计时功能外，中轴上方还配备双窗大日历显示，防水深度100米。备有黄金、不锈钢及限量版红金及白金多款型号；Bentley GT Racing的创作灵感来自宾利GT跑车，表壳口径为44.8毫米，相对同系列表式较小，适合日常佩戴。表壳采用抛光打磨处理，表壳盖底勾画出宾利欧陆GT型的汽车轮廓，搭载Cal 13B自动上链计时机芯，备有不锈钢配链带及限量500枚的红金版。

百年灵乃专业飞行时计的领导者，新款的Airwolf多功能手表，强调品牌与专业飞行员的密切关系。不锈钢表壳配以黑色表面，背景隐含喷式发动机图案。除万年历、GMT时间和响闹外，还带有倒数计时、分段和加时功能的1/100秒计时，附设独立响闹装置的两地时间及冷光夜视等功能，每项均属飞行员常用的功能。双层表底设计确保防水深度达50米。直径43.5毫米的Airwolf，搭配SuperQuartz™超级石英机芯，经瑞士官方天文台认证，每年最大误差只有15秒，比一般石英机芯准确10倍。可选择配搭皮带、橡胶表带或链带。

新的Chrono-Matic 24H飞返计时表保留Chrono-Matic 1969年原作，采用偏心摆陀Cal 11自动机芯，表壳配左置表冠外，也注入新元素，采用时针24小时运转一圈的设计，追溯百年灵在20世纪60年代参与探索太空轨迹的岁月。手表功能包括24小时时间显示，计时精确至1/4秒，30分钟累计器以及日历显示。为了向传统致敬，表面更采用了单“B”字的20世纪60年代品牌标志。此表有18K红金及不锈钢款式，表壳口径44毫米，Cal 22LC (LC代表左置表冠) 机芯与所有百年灵的机芯一样，通过瑞士官方天文台测试。

Chrono-Matic 24H

18K红金或不锈钢，表壳口径44毫米，自动上链Cal 22LC计时机芯，天文台认证，防水深度30米，Navitimer金属链带，真皮或鳄鱼皮表带

资料查询

百年灵专业时计（中国）有限公司

香港中环干诺道中168-200号信德中心西座911室
电话：(852) 2376 0909
传真：(852) 2376 1006
网址：www.breitling.com

宇宙

随着国际消费能力的普遍提高，以及人们对手表鉴赏能力的迅速提升，许多瑞士品牌都想改变自己在市场上原本的定位。这可不是容易成功的。它们在历史上的所作所为，早就形成了自己的风格和个性，不会因为一朝一夕的励精图治便可跨凤乘龙——除非它们在历史上本就对表坛有重大影响力，本就有许多可歌可颂的创新发明，那才不会因为某段短时间的蛰息而妨碍它们的复苏，那才可崔护重来亦掷果盈车。成功的例子至今不多，宇宙表会是其中一个。

宇宙表在历史上曾有许多影响表坛的重要发明，如今重新上路，它的许多新作就是以这些经典为灵感创作出来。1955年，宇宙表推出了上链摆陀嵌于夹板内的机芯，型号是Cal 215，命名Microtor。1966年，为了达到制作更薄自动机芯的目的，宇宙以它为基础进一步改良了设计，推出编号分别是Cal 66以及Cal 67（有日历指示功能）的机芯，后者的厚度也只有2.5毫米。经过历时2年的研究开发，新的Microtor在2006年诞生。它命名为Microtor UG 100，既是纪念公司标志注册70年，其次也纪念这“世界最薄自动机芯”Cal 66诞生了40周年。

与上一代Microtor的最大不同，在于新机芯以近乎苛刻的标准制成，28800次/小时的高摆速，因此准确度远胜畴昔，得到COSC的天文台表认证。表上的珍珠陀，用密度极高的钨合金制成，上面包有红金作装饰。钨合金摆陀的旋转，带动新开发的弧形小夹板上的几个齿轮，为发条鼓上链。在上满链后，它有44个小时的动力贮存。此表采用925纯银的表面，中央是机器雕花的地球经纬纹图案，外环上是花瓣图纹。表面上印有Limited Edition字样，并有Microtor 1966/2006的纪念标志。这个设计亦延伸到机芯夹板上，除了重复上述字眼，夹板上还有不同中央点的风车放射纹。设计的最重要主题，在里里外外表现出来。

此表为42毫米的口径，表冠上有护肩，显得开朗典雅。表冠上的宝石，底层刻有宇宙的商标，透过宝石显现出来。Microtor UG 100的限量为100只，其中80只是红金，20只是黄金。此表配大方格纹鳄鱼皮带，装置与表壳同材料的针扣。结合4颗金螺丝锁定的透明宝石表背，它有50米深的防水能力。

1936年，宇宙表创作了著名的Compax

Chronograph，在普遍的两针盘计时基础上增加了第三个针盘：12小时累积记录盘。70年前，这设计轰动表坛，有能力的表厂纷纷在他们的计时表上增加了第三个针盘。2006版Okeanos Compax装置三盘计时机芯UG 84.1，以21600摆/小时的频率运转。42毫米的浑厚外壳，3个针盘会聚于中央部分。针盘以外的位置，以粗条放射纹装饰。表冠两旁的按钮，操作中央计时秒针、3时位置30分钟累计针和6时位置12小时累计针。Okeanos Compax用了已经停产的Lemania 1873人手上链机芯，此机芯相当珍贵，现时不再供应，所以非限量不可。它的不锈钢版

Microtor UG 100

18K红金或黄金，表壳口径42毫米，自动上链UG 100机芯，天文台认证，防水深度50米，鳄鱼皮表带连18K金表扣，限量制作红金80只及黄金20只

Okeanos Compax
18K红金或黄金，表壳口径42毫米，人手上链UG 84.1计时机芯，限量制作红金70只及黄金20只

本做190只，可配不锈钢链带或连折叠扣的鳄鱼皮带。它的红金版本则做70只，黄金版本更少至20只，极之值得购用。

1940年，宇宙推出Aero-Compax手表，并且得到编号为235608的专利注册。在12时位置，它增添了为Compax所无的第四个针盘，上有时分针，供记录用途，由9时位置的表冠操作。Aero-Compax生产了一段长时间，新的Okeanos Aero-Compax，就用它的1960年代型号为蓝本设计。它的表面，印有悦目的图纹。中央的星光照射着3个圆形的针盘，恍如宇宙中旋转飘浮的几个星球。中央的时针，作24小时转一圈的行走。阿拉伯数字的小时圆环刻度，上半周是白天的12小时，下半周是晚上的12小时，有太空时计的含义。它的人手上链机芯UG

Okeanos Compax
不锈钢，表壳口径42毫米，人手上链UG 84.1计时机芯，限量制作190只

Okeanos Aero-Compax

18K红金或黄金，人手上链UG 82.1计时机芯，限量制作红金40只及黄金10只

82.1，同样由珍贵罕有的Lemania 1873改装而成。夹板上面，刻有密条纹Grande Vagne图案，计时机械则以人手锉平及倒角。在制作限量方面，它比Okeanos更少，其中可配链带及皮带的不锈钢型号做60只，红金型号做40只，而黄金型号更少至10只。

1944年，宇宙表庆祝他们建厂50周年，以后来扬威四海的Tri-Compax作贺礼。此表装置了3个计时针盘，并附有三历和月相指示。以复杂的功能和优雅的造型，它成为20世纪最成功的手表系列之一。新款的Okeanos Moon Chronograph，具备与Tri-Compax完全相同的功能。在造型上，它的设计更有以太阳为中心的行星系统的表达，表面有如一个广垠的宇宙。在表面上，它的12时、9时及

6时位置有3个计时针盘。为达到平衡感，表面的3时位置有一个圆盘，上有宇宙商标及取得官方验证天文台表资格的标志，它的日历为指针式，月份和星期为窗户式，月相碟片在12小时累计针盘内。此表的自动上链UG 99.1机芯，以优质的Valjoux 7751改装而成，有28800摆的高频率。此表全属不锈钢表壳，有黑面、蓝面及银面的3种选择，配连折叠扣的鳄鱼皮表带。其中的黑面型号，可装饰不锈钢链带。

相比于上述的几个系列，Okeanos Traveler在功能上是重大的创新。作为一款适合频繁旅行用途的表，它在操作上简单快捷，它在观看上清楚明白。Okeanos Traveler，配备自动上链的UG 71.3机芯，以28800摆的小时摆速连转。两个碟片，分别指示小时数字及相关的城

Okeanos Aero-Compax
不锈钢，人手上链UG 82.1计时机芯，限量制作60只

Okeanos Moon Chronograph
不锈钢，自动上链UG 99.1计时三历月相机芯

Okeanos Traveler

不锈钢，自动上链UG 71.3世界时间机芯，
限量制作100只

市名字，并排设立在表面的左侧。表壳2时位置侧缘有一枚宇宙原创的小按钮，可以选择城市名称，并同时跳出相关的标准时间。此外，此表的4时位置有1枚GMT快速调校隐形按钮，能够单独调校24小时碟片，轻易改变城市名字和当时时间的对应。此表的表面中央，是从北极俯瞰下的地球全图。此表可配有折叠扣的黑色鳄鱼皮带或不锈钢链带，而制作限量也锁定在100只的很小数目。

资料查询

通城钟表有限公司

香港九龙太子道东698号宝光商业中心21楼
电话：(852) 2736 0235
传真：(852) 2730 5350
网址：www.universal.ch

EBEL

THE ARCHITECTS OF TIME

玉宝

Ebel于1911年创建于瑞士，曾是英国陆军拍定的手表供应商，自从成为Movado集团的一分子后，玉宝表依然贯彻“时间的建筑师”这品牌哲学，作品越发有艺术气质。

新款的Brasilia女表系列，在优雅的外表下蕴含万种风情。以感性的线条尽展娇柔美态，半陷入式的表冠，使长形的表壳在视觉和触感上均更圆浑流畅，配合抛光的表带，自表冠延伸开来而成一柔和线条，浑然天成。表壳镶嵌了34颗钻石，高贵华丽，白色珍珠贝母表面，刻度镶嵌10颗钻石，令手表变得更闪闪生辉。本表备有不锈钢及豪华的黄金版本供选择，采用石英机芯。

Brasilia男表系列的设计以紧密刚直的线条为主，斜面的边缘、表面上笔直的罗马数字和中央工整的巴黎钉头装饰，赋予此表独特的个性，表现出几何和建筑视觉效果的硬朗风格，Brasilia男装手表有双面防反光处理的蓝宝石水晶镜面，采用自动机械或石英机芯。本系列备有黄金皮带款式、全不锈钢金属链带款式和多种颜色的表带供爱表人士选择。清晰简朴的外形散发优雅气派，展露佩戴者的不凡个性与素养。

Brasilia Man

18K黄金或不锈钢，表壳口径32.5毫米，自动上链机芯或石英机芯

Brasilia Lady

18K黄金或不锈钢，表壳口径23.7毫米，表壳镶有34颗共0.544克拉的钻石，表面镶钻，石英机芯，18K黄金或不锈钢链带

Brasilia Samba特别版

镶钻黄金石面，黄色缝绿皮带

Brasilia属于巴西的土地，予人一份热情、色彩缤纷而又充满欢乐愉悦的印象。为将这文化渗入系列之中，玉宝委任了世界著名的巴西模特儿Gisele Bündchen为代言人，为品牌拍摄最新一辑以“时间的建筑师”为题的广告。在2006年巴塞尔大展中，品牌特别举办了以巴西为主题的盛大晚会，由Gisele戴上代表她祖国巴西的黄色缝绿边皮带的黄金镶钻青金石面Brasilia特别版Samba出场。整个晚会热力澎湃，惊喜处处，与Brasilia世界的理念互相呼应。

玉宝另一经典1911 BTR系列，其中的自动上链计时码表，其六角形表壳加大至44.5毫米，加重了阳刚味。特别是配上橡胶外圈的版本，其3根计时针均为红色，并配有红色缝线的鳄鱼皮表带。此外，系列中的GMT两地时间表，其9时位置设置特大的小秒针盘，右边是指针式日历盘。有通心三角箭头的第二时区指针设于中轴，指向外

1911 GMT BTR
不锈钢，表壳口径44.5毫米，自动上链Cal 240 GMT机芯，防水深度100米，天文台认证

1911 Chronograph BTR
不锈钢，表壳口径44.5毫米，自动上链Cal 137计时机芯，防水深度100米，天文台认证

1911 Chronograph BTR Perpetual Calendar
18K红金或白金，表壳口径44.5毫米，自动上链Cal 288计时万年历机芯，防水深度100米，天文台认证，各款限量制作20只

缘的斜面24小时圈。这两款表均得到天文台表认证，质素有保证。

同一系列的红金外壳计时万年历，内部采用288型27石古老机芯改良而成，久违已甚，叫喜欢表的人精神一振。相信还有很多朋友记得，有不少高价品牌使用过这款玉宝自己设计制造的机芯。位于12时位置的48个月份循环，乃此机芯的布局特征。由于表壳加大，它的上下两个针盘也得以扩张，带来良好的视觉效果。它有透明的宝石表背，可以欣赏图案很特别的镂空自动摆陀。表壳外缘有特殊的锁定防水按键，可使整只表防水深度达100米。另有白金款式可供选择，限量各20枚。

资料查询

MGI Luxury Asia Pacific Ltd.

香港北角威非路道18号万国宝通中心29楼
电话：(852) 2736 0820
传真：(852) 2736 1362
网址：www.ebel.com

帕玛强尼

2006年是帕玛强尼创办人、钟表大师帕玛强尼先生（Michel Parmigiani）踏入其钟表创作生涯的第30个年头；年内品牌两度在中国香港举办新作介绍活动，大师都亲自来主持盛会，更曾特设中式筵席以招待宾客和媒体朋友。大师每次露面，都是风姿焕发的，这可能因为这个相对年轻的品牌，在制表工艺上是越来越得心应手了。凭借山度士家族的大力支持，加上出众的工艺，令其不单于复修古董钟表和为其他品牌制作零件上获得好评，更在短短10年间成为一个独当一面的独立品牌。

2007年的力作，是旗舰作Kalpa开枝散叶的结果，取名Kalpagraph。顾名思义，Kalpagraph乃是Kalph家族中的Chronograph。壳型继承了传统Kalpa类似酒桶而偏长方的形状，因为要安置计时盘，表盘更是开阔了，表壳也顺随着而显得更加方形。钯金是帕玛强尼未来大方向之一，Kalpagraph也采用了这与铂金同族的金属，此外也有精钢和红金版本，每个版本各有2个不同颜色的表盘，即总共有6个设计。对于一般人而言，钯金跟精钢看起来比较相近，所以帕玛强尼聪明地把2时位置的计时按钮设计得特别大，使精钢版本看起来更有动感。由于密度

Kalpagraph

钯金、18K红金或不锈钢，自动上链PF 334计时机芯，钯金或18K红金表款搭配爱玛仕驼色或黑色鳄鱼皮表带与针扣，精钢表款搭配爱玛仕小牛皮表带或橡胶表带

Kalpa XL Hebdomadaire Squelette

950钯金，自动上链PF 118镂空机芯，8天动力贮存，爱玛仕鳄鱼皮表带，限量制作30只

Kalpa Tonda

18K红金或白金，表壳口径39毫米或42毫米，自动上链PF 331机芯，哈瓦那或爱玛仕鳄鱼皮表带连18K金表扣

高，制作表壳的950钯金处理起来比铂金还要困难，而帕玛强尼也是直至2005年才确切地掌握到这项突破性的技术，为表厂带来新的制表素材。

2006年推出的纪念手表Kalpa XL Hebdomadaire Squelette制作限量在30枚之谱，以应帕玛强尼先生投身钟表事业30周年的大日子。透过蓝宝水晶表镜，可以欣赏到美观的Calibre PF 118自动上链机芯。自家研发及制作的PF 118是镂空版本的PF 110机芯，选用18K金为材料，尺寸约29.03毫米 x 22.33毫米，28石，动力贮存长达8天；桥板经手工倒角及雕花处理，周边作磨砂打磨，给卓越的功能增添华丽气派。动力贮存、时、分指示及小三针清楚显示在表面上，各以蓝钢指针在黑色标度间游走，甚有悬浮半空的感觉。

Kalpa Tonda Squelette 18K

18K红金或白金，表壳口径42毫米，自动上链PF 338镂空机芯，爱玛仕鳄鱼真皮表带连18K金表扣。限量制作各15只

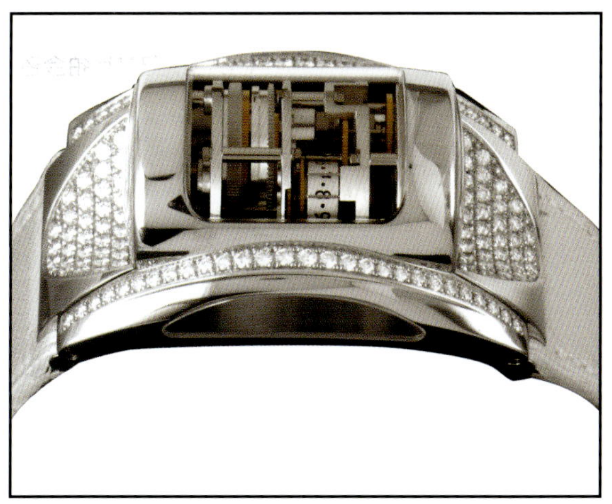

Lady Bugatti

18K白金，表壳镶嵌130颗圆钻共重2.38克拉，人手上链PF 370机芯，10天动力贮存，白色爱玛仕小牛皮表带

Kalpa XL Tourbillon Diamants

18K红金，表壳镶有共重4.94克拉的钻石，人手上链PF 500陀飞轮机芯，7天动力贮存，白色爱玛仕小牛皮表带连18K金镶钻表扣，铂金及红金版各限量25只

看到圆形外壳，且别以为帕玛强尼在2006年全新制作的Kalpa Tonda系列是Toric系列的作品。细看之下定能发现两者外观上最显著的分别：表圈的饰纹和表耳的阔度。以18K红金或白金造壳的Kalpa Tonda，口径分别为39毫米及42毫米。银、黑或香槟色表面装上镀铑或镀金时刻，小时标度圈刻上环状日内瓦条纹；小秒针设于6时位置，下方附有长形日历窗，有层层递进的感觉。内藏自动上链PF 331机芯，32石，28800摆幅，动力贮存55小时。镂空机芯PF 338，装设于限量30枚的镂空版本上，日历显示圈改在小时刻度之内。

除了众多的男表款式，品牌还着意发展女装手表，一口气推出多个不同的设计，好让女士们慢慢挑选。

充满原创精神的Bugatti 370在前卫的外形上添置华丽的外衣，迎合女性品位。18K白金表壳铺上130颗圆钻，共重2.38克拉，白色珠贝表面配合表带颜色，观感比

Kalpa XL Tourbillon全方钻“无爪镶”加大号30秒陀飞轮

Toric Retrograde Perpetual Calendar “Luna Blu”

18K白金，表壳口径45.5毫米，表壳及表面镶钻，自动上链PF 333飞返万年历机芯，爱玛仕鳄鱼皮表带，防水深度30米

沉实稳重的前款年轻清新。此表属特别订造款式。

另一款瑰丽的时计Kalpa XL Tourbillon Diamants，把18K红金款式稍作改动，换上白色珠贝表面。4颗圆钻与18K金阿拉伯数字时标相间，四角各饰上1颗重0.09克拉的梯形钻，表壳四周镶嵌4.94克拉钻石。表面上可见到出色的7天动力贮存显示及30秒陀飞轮装置，白色爱玛仕皮表带连18K金镶钻表扣，散发出醉人光辉。更备全方钻的“无爪镶”新款，镶钻共重12克拉，镶功叫人赞叹。

而Toric Retrograde Perpetual Calendar 着重功能与美感的表现，飞返日期指示跨越8时至4时，以星形指针作指示；漆面上6时的示窗同时展示南北半球的月相，中置秒针两端附上太阳和月亮图案，穿梭在钻石拼凑而成4个星座和闰年、星期及月份示窗之间。

Kalpa系列带来3个大小不同的尺寸：Grande、Donna及Piccola，口径最大的Grande以自动上链机芯推动，较小的Donna和更小的Piccola则配石英机芯。除了特别镶嵌白色或粉红色钻石的Kalpa Grande Jewellery外，三者还各备红、白金及精钢表壳款式，配合不同的钻石镶嵌，在简单的线条中有多种变化。

Kalpa Donna*（左）及*Piccola

18K红金、白金或不锈钢，石英机芯，备有多种表面选择，爱玛仕皮表带或镶钻或无钻链带

资料查询

瑞骏(香港)有限公司

香港九龙尖沙咀广东道33号中港城第二座19楼
电话：(852) 2738 9888
传真：(852) 2736 1884
网址：www.parmigiani.com

营销网络

上海

所罗门上海珠宝(上海金茂店)
上海市浦东新区金茂大厦裙楼金茂时尚生活中心2楼
电话：(021) 5047 1605

Kalpa Grande Jewellery

18K白金，表壳镶钻，自动上链PF 331机芯，18K金链带镶有13.74克拉钻石。另备粉红钻石版本

MANUFACTURE DEPUIS 1858

窝路坚

窝路坚不时会在Cricket的基础上添加新的型号，新作Golden Voice系列即为另一成功之作。2007年1月15日，在World Photo Press主办的The Watch of the Year颁奖典礼上，更把Standard Men's Watch（标准男装手表）类首奖授予Golden Voice系列，肯定其在手表打闹装置上领导性的影响。

Golden Voice系列主要分为圆形和方形2大类。Golden Voice Round有最经典的外形设计，表圈的宽度、表耳的弧线、表盘和指针的比例，都经过了千锤百炼般的修改，以最完美无瑕的模式出现。这毕竟是经过了几十年洗炼之作。表盘上带有雕刻花纹的转盘，就是闹铃的定时指示转盘，V形的Vulcain标志，正好作为闹铃指示的时标。表冠既可用来上链，也可用来调节时间及闹铃功能。V-10机芯是窝路坚最经典的作品，直径12法分（28毫米），厚5.6毫米，17石，备有2个独

Golden Voice Round
不锈钢，表壳口径39毫米，人手上链
V-10响闹机芯，防水深度50米

立发条鼓：一个用于时间运作，另一个用于闹铃。15秒像蟋蟀叫声一般的闹铃，肯定连最难伺候的懒人也能唤醒。40小时~42小时动力贮存，通过蓝钢螺丝的修饰和零件的打磨倒角，使机芯在功能上和美学上都达到了相当高水平。表壳直径39毫米，防水深度50米。另备Golden Voice Round Lady，以供女士选择。

Golden Voice Square是窝路坚重组后少见的方形系列，具有时尚而又不失经典的造型。黑灰色的表面饰以日内瓦条纹，刻花的圆形转盘上，同样有V形Vulcain标志的闹铃指示指标。不锈钢制作的外壳，表壳尺寸为34.9毫米 x 47.8毫米。

Golden Voice Round Lady

不锈钢，表壳口径39毫米，人手上链V-10响闹机芯，防水深度50米

Golden Voice Square

不锈钢，表壳尺寸34.9毫米 x 47.8毫米，人手上链V-10响闹机芯，防水深度50米

Vulcanographe

18K红金或不锈钢，表壳口径42毫米，自动上链V-50计时GMT机芯，防水深度50米，鳄鱼皮表带连18K红金表扣或不锈钢折叠扣

装配星柱轮的V-50计时GMT机芯

另一枚全新的大视窗日期计时GMT款式Vulcanographe，改而采用了星柱轮计时机芯。众所周知，星柱轮是比凸轮更高一班的设计。窝路坚的改良，使操作按键的手感更加流畅柔顺。内装V-50计时GMT功能自动上链机芯，表壳直径42毫米，红金表壳配备银色表面，不锈钢表壳配备炭灰色表面。

世界上第一枚以闹表结合陀飞轮制成的手表，正也是窝路坚的作品，它采用了著名的"大教堂"式闹表，命名为 Imperial Gong。设计独特的浮动陀飞轮装置共用了62个零件，却仅重0.48克，其视窗位于表盘左侧，可以看到用黄金螺丝装配的平衡摆轮，摆轮的中心部分装置了罕见的蓝钢秒针。右边的视窗可以看到以12为周期的响闹定时指针，红色箭头十分醒目。在12时的镂空位置可以看到打簧装置。类似三问表的响闹声音，就是通过这个击打锤的反复击打产生的。乳白色的表面饰以手工雕刻图案和K金小时刻度。做工精美的机芯采用圆珠打磨和日内瓦条纹装饰，配合以传统工艺制成的蓝钢螺钉。蓝宝石水晶透明表盖。

至于配备V-11型机芯的Aviator Dual-time Quantième，4时位置的表冠可以逆时针旋转调节内圈的第二时区，加上实用的响闹功能，不愧是一种日用级别的好选择。

Imperial Gong
18K红金或白金，表壳口径43.3毫米，人手上链V-30机芯，陀飞轮装置，响闹功能，130小时动力贮存，防水深度30米

Aviator Dual-Time Quantième
不锈钢，表壳口径42毫米，人手上链V-11响闹GMT机芯，防水深度100米

资料查询

晶时（香港）有限公司

香港九龙尖沙咀梳士巴利道3号星光行805室
电话：（852）2730 8038
传真：（852）2730 6343
网址：www.vulcain-watches.ch

RAYMOND WEIL
GENEVE

蕾蒙威

蕾蒙威

1976年创立的蕾蒙威，去年刚好踏入第30个年头。9月13日，特别假上海科技馆举行了"蕾蒙威30周年庆典"，蕾蒙威家族3代成员包括创办人Mr. Raymond Weil、瑞士蕾蒙威主席及总裁Mr. Olivier Bernheim以及蕾蒙威地区销售经理Mr. Pierre Bernheim均专程出席，可见品牌对大中华市场的重视。

中国人有谓三十而立，蕾蒙威在庆祝迈向新世代的同时，并延续向高档手表市场全速推进的策略。全新的Shine女表系列，正好印证品牌的雄心壮志。灵感上来自Art Deco时期的全新Shine系列，融合新时代女性秀外慧中的强烈个性，这系列的表款线条流畅，融入了当代风格。圆角曲线带来柔和美感；表面配阿拉伯数字的款式，不锈钢表壳排列48颗钻石，中央表耳有不镶钻或镶18颗钻石可选；白色珠贝表面上，线条典雅的3、6、9及12数字上，另有43颗钻石。除了不锈钢版本，蕾蒙威为了庆祝30周年，还推出了限量99只的红金特别版，表背上刻有品牌创立人Mr. Raymond Weil亲笔签名及独立编号。Shine系列选用优质瑞士石英机芯，防水深度30米，特有可快速转换表带的专利设计。

Shine
18K红金或不锈钢，表壳及表面镶钻，石英机芯，防水深度30米，红金款式限量制作99只

Tango Sport
不锈钢，石英机芯，备有大三针、计时及小三针响闹三款，防水深度50米

充满动感的Tango Sport，今年亦带来多个新款式。专为品位独特的人士所设计的内外兼具完美表款，亦为男士时尚与流行的最佳诠释。圆形大日期表款，有大三针、计时及小三针响闹三款，后者更是蕾蒙威首只闹表。日期视窗于12时，配以石英机芯、蓝宝石水晶玻璃和折叠双安全扣搭配橡胶皮带，防水深度达50米。除了圆形款式之外，另备长方形的三窗计时表款。于日常生活及运动中佩戴，Tango Sport已具备足够功能，而且英气十足。

使用机械机芯的Tradition系列，是蕾蒙威把自己推向高档次制表工艺的另一重要款式。采用10微米包金或精钢制作表壳，方形线条刚劲而优雅。自动上链小三

Tango Sport
不锈钢，石英计时机芯，防水深度50米

Tradition Automatic - Time Square

不锈钢或10微米包金，自动上链机芯，防水深度30米

针机芯配备日期显示功能，蓝宝石水晶表背，防水深度30米。市场对此系列反应不俗，亦令男性化产品的形象更进一步得以确立。

蕾蒙威著名的日用表系列Parsifal，今年的2个长方形男女款式，兼具了华丽与实用。女表配不锈钢表壳，18K金外圈镶有44颗钻石，表冠则镶了一颗圆锥形的蓝宝石。以珍珠贝母制成的表面，绚烂深邃的光泽带给赏玩者一种优雅的美感，8颗钻石圆点刻度为手表添加迷人的气质，尊贵雅致。抗磨损防眩蓝宝石水晶玻璃、细致的旋入式后底盖及折叠双安全扣相互配合，触感细腻，符合成熟女性对精致配饰质高料好的要求。

至于男装款式，选用全不锈钢抛光表壳，炭灰色的

Parsifal Rectangular Ladies

18K黄金及不锈钢，外圈镶钻，石英机芯，防水深度30米

Parsifal Rectangular Men

不锈钢，石英机芯，防水深度100米

Don Giovanni - Walk of Fame 星光大道

18K红金或白金，表壳及表面密镶钻石及宝石，自动上链计时或两地时间机芯

表面缀以细腻的太阳纹拉丝打磨，双层的时分刻度，3时位有日历显示窗，防反光蓝宝石水晶玻璃，旋入式后底盖。Parsifal两款式选用瑞士石英机芯，拉丝及抛光打磨的链带，防水深度100米。

Don Giovanni一向是蕾蒙威展视最高级创作的平台，这回蕾蒙威一口气展出了多款珠光宝气的新作。这个特别的系列命名为Walk of Fame“星光大道”，有计时及两地时间表两大主线，一律采用18K红金或白金表壳，以密铺在表壳及表面的钻石及其他宝石作为卖点，配上与宝石颜色相称的鳄鱼皮表带。

资料查询

捷成钟表有限公司

香港铜锣湾恩平道28号利园2期28楼
电话：(852) 3180 3280
传真：(852) 2203 4081
网址：www.raymond-weil.com

瑞宝

瑞宝自1983年创立以来，朗格先生对品牌手表的制作相当执着 ，坚持每个零件均由瑞士制作，才说得上是真正瑞士品牌。

提起瑞宝，大家也会想到红极一时的豪迈装三针一线手表，1994年推出的Minerva库存机芯的规范指针表款，只限量生产300枚的手表成为极具收藏价值的珍品。2006年推出的新系列豪迈装三针一线天文台表（Grand Régulateur Chronometre)，传承原来的设计的精髓，再注入现代时尚的设计元素。放弃旧作的Minerva的库存机芯，免除因小口径而令小时及秒盘被迫要挨近中央位置，影响表面的美感。44毫米的表壳搭配16$^1/_2$法分(约36.6毫米)的C.673人手上链机芯，源于ETA厂编号6498的基本机芯，加入好几项的改装，先将中置时针移到12时位置，接精细调校平衡螺丝摆轮，并加装鹅颈微调装置；每个表芯在装进表壳之前都必须通过严谨的瑞士官方机构天文台测试。机芯多个部件作了不同修饰打磨，让透明表背所展示的风光不逊于刻有巴黎钉头的纯银表面。可转动外圈附上1个涂有夜光物料的三角形标记，能随意调校至与分针同位，然后作简单的计时，给这款三针手表带来另一项功能。除了限量99只的铂金版本外，手表还备有红、黄、白金及精钢型号，同样配搭鳄鱼皮带，防水深度30米。

在万年历的制作上，也有严谨的准则。Perpetual Calendar自动万年历手表搭载自家C.127自动上链机芯，加入来自Dubois Depraz的50个万年历组件，直径为26.2毫米，厚5.2毫米及30颗宝石，摆轮振频达21600次/小时。“品”字形排列的日历、星期及48个月制式的月份小表盘，特别注意的是，3时位置的月份小表盘，用上称为5800C的万年历组件装置每4年才转一圈的闰年显示碟片，碟片边缘上不同深度的凹坑，代表了系统上不同的月份，单一指针同时提供月份及闰年指示；6时位置向左转动的倒摆月相显示，有别于具同样功能的手表，朗格先生认为倒摆月亮在观感上更为雅致，这个设计成为此表的特色。

口径达42毫米，厚5.2毫米的万年历手表，外形也同样吸引。由36个部件组成的表壳，虽没有什么珠边设计，但漆面纯银表面、蓝钢指针及葵扇针头吸引着大家的目光。配合瑞宝洋葱形表冠、推进式万年历校正按钮、螺

Grand Régulateur Chronometre

铂金、18K红金、白金、黄金或不锈钢，表壳口径44毫米，人手上链C.673规范指针机芯，防水深度30米，铂金版本限量制作99只

The Perpetual Calendar

铂金、18K红金、白金、黄金或不锈钢，表壳口径40毫米，自动上链C.127万年历机芯，采用Dubois Depraz万年历模组，防水深度30米，铂金版本限量制作99只

旋式表底和表面表底的防反光抗磨损蓝宝石水晶表镜，设计清简流丽。备有40小时动力贮存及30米深的防水功能。铂金款式限量生产99只，另有18K黄金、白金、红金及精钢版以供选择。

具有多功能的Timemaster自动日历计时表，44毫米的大口径表壳，配合清晰的表面刻度，同是兼顾了功能性和易读性，设计眼前一亮，是时尚又实用的款式。黑色及浅绿色表盘的设计均有无辐射夜光材料刻度，黑色表盘配有夜光金属时分秒针；而浅绿色表面则配有黑色金属时分秒针，两者均有30分钟计时及12小时计时小表盘。虽有7指针同时在表面上，但它们的长度会互相协调，加上深红色的计时指针及日历指针的针头，既增强视觉效果，又不会造成混乱的感觉。不锈钢表壳搭载了基于ETA 7750的C.754自动计时机芯，运行稳定。其内的擒纵叉、擒纵轮及螺丝已作抛光打磨，配合镂空镀金自动陀、鱼鳞纹及日内瓦条纹修饰基板和夹板。手表的防水深度达100米；采用Walknappa 22毫米阔防水表带，另配不锈钢链带。

Timemaster Chronograph Date

不锈钢，表壳口径44毫米，自动上链C.754计时机芯，防水深度100米，Walknappa 22毫米阔表带或不锈钢链带

资料查询

瑞骏(香港)有限公司

香港九龙尖沙咀广东道33号中港城第二座19楼
电话：(852) 2738 9888
传真：(852) 2736 1884
网址：www.chronoswiss.com

营销网络

上海

所罗门上海珠宝(上海金茂店)
上海市浦东新区金茂大厦裙楼金茂时尚生活中心2楼
电话：(021) 5047 1605

索引 Index

带☆的品牌在《名表论坛》创刊时特别举办的
中国大陆地区、香港地区、台湾省三地专家及读者票选中被评为“十大名表”